Gütersloher Taschenbücher / Siebenstern 1290

Diese Märchen habe ich für die »Reißzwecken«
geschrieben –
das sind meine jungen Sonntagsfreunde,
und sie heißen:

Andrea, Martin, Brigitte, Anneke, Frank, Jan, Wolf, Ute, Oliver, Hartmut, Ose, Sabine, Arne, Kai, Sandra, Rainer, Karsten, Erk, Kerstin, Marion, genannt Alfred, und natürlich für alle, die Märchen lieben

Peter Spangenberg

Peter Spangenberg

DER ESEL UND DER LIEBE GOTT

Märchen
zur biblischen Weisheit
mit Bildern
von Kirsten Spangenberg

Gütersloher Verlagshaus
Gerd Mohn

Originalausgabe

CIP-Kurztitelaufnahme der Deutschen Bibliothek

Spangenberg, Peter:
Der Esel und der liebe Gott: Märchen zur bibl. Weisheit /
Peter Spangenberg. – Orig.-Ausg. – Gütersloh:
Gütersloher Verlagshaus Mohn, 1986.
(Gütersloher Taschbücher Siebenstern; 1290)
ISBN 3-579-01290-8

NE: GT

ISBN 3-579-01290-8

Umschlaggestaltung: Dieter Rehder, Aachen unter Verwendung einer Illustration von Kirsten Spangenberg
Gesamtherstellung: Clausen & Bosse, Leck
Printed in Germany

Inhalt

LILLE TROLL

Ein Märchen von Mühsal und Reichtum der Liebe

Sølve lebte mit ihren Eltern am Mjaaland-Fjord. Sie war inzwischen zu einem schönen Mädchen herangewachsen. Jedermann im Dorf sah sie gern an. Sølve konnte singen und tanzen, unterhielt sich klug und geschickt und war überall bewundert; denn sie war flink mit der Zunge und flink mit Händen und Füßen. Sølve war ein gutes Mädchen.

Björn vom Knudsenhof stieg ihr oft heimlich nach und wurde jedesmal bis hinter beide Ohren rot, wenn Sølve ihn ansah. Wollte er ihr dann sagen, wie lieb er sie hatte, lachte sie nur laut und klangvoll und lief mit schnellen Sätzen davon. Björn war verzweifelt. Wenn er allein war, dachte er viel an das Mädchen und malte sich aus, wie unbeschreiblich schön es sein müßte, wenn er Sølve eines Tages als Braut heimführen könnte. Aber das war nur ein Traum, während seine Sehnsucht wuchs und die Leute im Dorf schon munkelten, sein Geist sei wohl verwirrt. Es kam ja auch hinzu, daß der Knudsenhof seit Jahren verarmt war, während Sølves Vater als Sägemüller großen Reichtum besaß.

Kurz vor Mittsommernacht traf Björn Sølve und fragte sie schüchtern, ob sie mit ihm zum Tanz ginge. Da warf sie nur stolz den Kopf zurück und blitzte ihn aus kalten Augen an, daß es ihn fror. Er setzte sich an den großen Fjord und weinte, weinte so hemmungslos, daß er gar nicht bemerkte, wie plötzlich ein Troll aus der Wurzel der alten Kiefer kroch.

Seltsam sah der Troll aus. Auf eine Art wirkte er wie eine alte Wurzel, und auf eine andere Art bewegte er sich behende wie ein Stück Wild. Björn sah auf, als er ein Geräusch hörte, und gewahrte den kleinen Troll mit dem Greisengesicht, als dieser sich mit einem großen karierten Taschentuch die runde rote Nase putzte. Als er damit fertig war, tanzte er um Björn herum und schrie:

»Laß das Mädchen,
hol das Fädchen!
Laß das Mädchen,
hol das Fädchen!«

»Was soll ich holen?« fragte Björn erstaunt.

»Das Seidenfädchen sollst du holen. Damit will ich die Welt umspannen, innen und außen.«

»Und wo finde ich das Seidenfädchen?«

»In der Nußschale auf dem Felsrücken. Frag nicht soviel. Geh!«

Wie benommen stand Björn auf und ging bergan. Unterwegs erfrischte er sich an den prallen Heidelbeeren und wurde immer froher. Als er auf dem Gipfel angekommen war, suchte er die Nußschale. Da plötzlich sah er sie. Sie lag metertief in einer klaffenden Spalte. Behutsam ließ er sich hinab, suchte Halt mit den Füßen, fand einen kleinen Vorsprung, beugte sich tief hinunter, wollte die Nußschale greifen, glitt aus und rutschte tiefer in die gähnende Enge, bis er steckenblieb. Hilflos hing er in der Tiefe und keuchte vor Todesangst; denn weit unter ihm brodelte das Bergwasser im Kessel. »Lieber Gott! Hilf mir heraus!« schrie Björn.

Während er noch nach Rettung rief, flog ein großer Adler über den Spalt und ließ einen dicken Stock fallen, den er für den Nestbau in den Fängen gehalten hatte. Das Holz verfing sich quer zwischen den Felswänden, und Björn hangelte sich daran hoch, bis er schließlich keuchend oben stand. Die Nußschale hielt er fest umklammert. Wie glücklich er war! Er wußte zwar nicht, was das alles bedeuten sollte; aber der Troll hatte es so gewollt.

Noch während er sich diese Gedanken machte, kam der Troll hinter dem Fels hervor, riß Björn das Schälchen aus

der Hand, kreischte vor Vergnügen, tanzte auf einem Bein und rief:
»Laß das Mädchen,
sieh das Fädchen,
hol das Rädchen!«
Müde fragte Björn: »Wo finde ich das?«
»Unter dem größten Wasserfall im ewigen Eis«, antwortete der Troll und verschwand.
So begann Björn den langen Weg ins ewige Eis. Keine Vogelstimme war zu hören, keine Menschenseele war zu sehen. Er ernährte sich von wilden Erdbeeren, trank vom eiskalten Gletscherwasser und schlief nachts in Höhlen auf Rentierflechte.
Als er viele Tage gegangen war, hörte er es plötzlich rauschen und brodeln. Das ist der Wasserfall, dachte Björn. Richtig – da schoß das Wasser vom hohen Berg in die dunkle Tiefe. Blank gewaschen waren die Felsen in Millionen Jahren. Björn staunte, trat dann aber mutig unter den Wasserfall, um das Rädchen zu suchen, als er die Stimme des Eiskönigs vernahm: »Das sollst du büßen!«
Im selben Augenblick erstarrten die herabfallenden Wasser zu Eis und umschlossen Björn mit kalter Faust. Er stand im glitzernden Eis, sah alles, konnte sich nicht bewegen, und sein Herz klopfte wild. Regelrecht eingefroren war er, und die Stimme des Eiskönigs drang an sein Ohr: »Suchst du das Rädchen, und willst du es finden, so gib mir dein Wort, daß du mir drei Winter lang treu dienen wirst.«
»Ja, das will ich«, hauchte Björn von innen gegen das Eis, und alsbald schmolz die kalte Wand. Björn war frei. Da sah er die Pracht im Palast des Eiskönigs und staunte über die Schönheit dieser bizarren Welt.
Als er um sich sah, bemerkte er zu seiner Überraschung das Rädchen. Es war eingefroren in einen riesigen Eiszapfen. Da bat er die Sonne, sie möge ihm helfen. Und weil er ein gutes Herz hatte und seine Sølve so sehr liebte, half die Sonne ihm gern und schmolz den Riesenzapfen zu Wasser,

so daß das Rädchen herausfiel und munter den Berg hinabrollte.
»Halt!« rief Björn, »meinst du, ich hätte mir die Mühe umsonst gemacht, daß du jetzt einfach den Berg hinabrollen kannst?«
Aber das Rädchen ließ sich nicht aufhalten und sprang weiter. Björn folgte ihm, so schnell er nur konnte, und das Zauberrad führte ihn auf diese Weise bis an das Ende der Welt. Dort blieb es liegen, ächzte und stöhnte und sprach: »Hier bist du am Ziel!«
Björn wollte sich zum Rädchen beugen, als der Troll durch die Speichen sah, lästerlich zu schimpfen begann, sich auf das Rad schwang und davonritt, indem er schrie und sang:
»Laß das Mädchen,
sieh das Fädchen,
sieh das Rädchen,
geh ins Städtchen!«
»Wo finde ich das Städtchen?« fragte Björn.
»Am Ende deiner Gedanken«, kreischte der Troll und war im selben Augenblick verschwunden.
Traurig und erschöpft machte sich Björn auf den Weg. Nachts schlief er bei freundlichen Bauern im Heu, trank begierig frische Milch und wanderte tagsüber mit langen Schritten weiter. Überall fragte er nach dem Städtchen am Ende der Gedanken. Schließlich traf er einen alten Mann, der ihm Auskunft geben konnte: »Das Städtchen am Ende deiner Gedanken liegt hinter sieben Brücken.«
Björn bedankte sich, und nach einem Jahr mühsamen Weges, auf dem er viele Gefahren bestand, war er endlich am Ziel.
Ein seltsames Städtchen! Es hatte nur drei grüne Häuser, aber eine dicke Mauer mit zwei Türmen und einem großen gelben Tor. Die wenigen Bewohner hatten allesamt dicke runde Bäuche. Sie begrüßten Björn herzlich, hießen ihn willkommen und luden ihn zum Essen ein.
Als er den festlich geschmückten Saal betrat, traute er sei-

nen Augen kaum: Da saß der Troll am Tischende, hatte eine silberne Serviette um und aß genüßlich.
Der Troll forderte Björn auf, an seiner Seite Platz zu nehmen, lachte breit über das zottige Gesicht und kicherte in einem fort:
»Hier ist das Fädchen,
du bist im Städtchen,
hol dir dein Mädchen.«
Der Troll sang diese Sätze und rülpste mit offenem Mund, daß ihm das Fett zwischen den Zähnen hindurchtroff.
Da dachte Björn wieder an Sølve, die er so lange Jahre nicht gesehen hatte, und wurde sehr traurig. Der Troll schob ihm ein gebratenes Hühnerbein hin, hob dann den Becher und feixte: »Auf den Eiskönig! Auf dein Mädchen!«
Björn verabschiedete sich und machte sich auf den langen Heimweg. Was würde er zu Hause antreffen nach den Jahren der Wanderung! Würde Sølve noch im Dorf sein? Würde es den Knudsenhof noch geben? Würde Sølve wohl verheiratet sein? Behutsam nahm er das Fädchen heraus, besah sich dann das Rädchen und wußte nicht, was er von alledem halten sollte, was der Troll ihm gegeben hatte.
Es dauerte Monate, als Björn endlich wieder in das Reich des Eiskönigs kam. Der empfing ihn unfreundlich und erinnerte ihn, daß er ja noch drei Winter zu dienen habe, wenn er die Seinen überhaupt wiedersehen wolle. Björn diente dem König drei Winter lang in großer Treue. Dann kam der Tag des Aufbruchs. Der Rückweg kam Björn nun kurz vor.
An einem Spätsommerabend kam er an sein Dorf. In der Ferne am Horizont sah er die alte Kirche und ein paar niedrige Häuser. Da lief er, so schnell er konnte. Kurz vor der breiten Dorfstraße verwandelte sich das Rädchen in eine herrliche Kutsche mit sechs prächtigen Pferden davor. Das Fädchen aber legte sich zu einem kostbaren Gewand um Björns Schultern. Schon von weitem sah er Sølve vor dem Haus stehen. Da sprang er vom Bock, lief auf sie zu,

schlang seine Arme um sie und sagte: »Wie schön du bist!«
Er sah in ihrem Gesicht die tiefen Gramfurchen des Wartens. Sie küßten sich lang und glücklich. Als sie Hochzeit feierten, saß der kleine Troll in der Kirche auf der Empore, kicherte, keifte, daß die Leute ihm böse Blicke zuwarfen, und schlug sich auf die Beine: »Halt dein Fädchen, nimm dein Mädchen!« Rief's und verschwand durch die Dachluke.
Sølve und Björn waren sehr froh. Es stimmt; denn ich habe sie besucht und kann es bezeugen.

DER GRAUE WÜTERICH

Ein Märchen über die Hoffnung

Tal der bunten Felder! So nannten die Menschen jenes kleine Stückchen Erde, das sie wie ihr Paradies liebten. Weite Wiesen kuschelten sich an den Hang, und im Frühjahr blühte der fette Löwenzahn, daß es nur so eine Pracht war. Abends stand der Mond verträumt über dem Waldrand, und tagsüber lagen wogende Kornfelder im Sonnenschein, wenn der Sommer flimmerte. Viele schöne Tiere lebten dort, und die Kinder des Dorfes waren es, die sich nicht satt sehen konnten an den tausend schillernden Farben.

Malte bestaunte gern die Kornblumen. Manchmal saß Angelika lange vor einem bunten Schmetterling und flog in Gedanken die gaukelnden Bögen mit. Ab und zu meinten die Kinder, sogar die Sprache der Pflanzen und Tiere zu verstehen; so sehr lebten sie mit ihnen.

Hans versuchte, die Rede der Eulen zu übersetzen, und lockte den alten Uhu, indem er beide Hände aneinanderlegte und den Schrei der Nachteule in der Dämmerung täuschend ähnlich nachmachte. Oft lag er lange auf dem knorrigen Baum, bis er seinen gefiederten Freund entdeckte.

Die Menschen lebten gut in ihrem Tal und dankten dem Schöpfer für seine Güte. Die Leute standen früh auf, taten tagsüber ihre Arbeit, aßen gern und viel und hielten Feierabend mit Liedern und Geschichten.

Das Tal der bunten Felder wurde berühmt, und viele kamen, um das heimliche Paradies zu sehen. Dabei ging es dort gar nicht so friedlich zu. Die Dorfjungen prügelten sich gern. Zank und Streit gab es in den Häusern auch. Aber was

war das alles gegen das wunderbare Land und die vielen Freunde in der Natur.
Eines Tages lag Hans dösend unter seinem Lieblingsbaum und hielt eine Blume in der Hand. »Wundervoll bist du!« dachte er und drehte das bunte Wunder hin und her. Da rauschte es in der Luft, und der Uhu setzte sich auf den dikken Ast.
»Hans!« schnarrte der Vogel. »Unser Tal ist in Gefahr.«
»Warum ist unser Tal in Gefahr?«
»Ein Riese kommt und will es verwüsten.«
Hans sprang auf, rief Malte und Angelika und erzählte ihnen von der Botschaft des wachsamen Vogels. »Wer ist der Riese?« fragte Malte. »Woher kommt er?« Aber darauf wußten sie keine Antwort.
Die Kinder baten das Volk der großen roten Waldameise um Hilfe. Die braven Tiere versprachen, ihr Bestes zu tun. Doch mit ihren kleinen Beinen kamen sie nur bis an den Rand des Tales und kehrten unverrichteter Dinge wieder zurück. »Wir haben den Riesen nicht gesehen!«
Die Kinder bedankten sich bei den treuen Tieren und hielten Rat. Da bat Angelika die Schmetterlinge um Hilfe. Diese brachen sofort auf; denn die Sonne schien warm. Doch bei Sonnenuntergang kehrten die Schmetterlinge enttäuscht zurück. Ein Windstoß hatte sie jenseits des Waldrands durcheinander gewirbelt. »Wir haben keinen Riesen gesehen«, sagten sie und legten sich schlafen.
Malte meinte, sie sollten sich nun an die Fische wenden. Als sie am Bach angelangt waren, baten sie einen alten Wels um Hilfe.
»Ein Riese, der das Tal zerstört?« fragte der. Der Wels war sehr freundlich und versprach, sein Fischmögliches zu tun.
Die Kinder mußten lange warten, bis die Fische zurückkamen. Aber was war nur geschehen? Die meisten hatten Flecken an den Flossen und eine schmierige Schicht auf den Schuppen.

»Wir haben den Riesen getroffen«, klagte der Wels. »Wir haben uns verbrannt. Wir haben uns vergiftet. Der Riese hat seine Augen überall.« So sprach der alte Wels und schwamm mit müden Bewegungen in die Tiefe.

Die Kinder besprachen nun, was zu tun wäre, und beschlossen, die Vögel zu bitten, das Reich des Riesen auszukundschaften. Mit Hilfe der Nachtigall gelang es, alle Vögel des Tales auf den Weg zu schicken. Hunderttausende waren es.

Nach langen Zeiten kamen sie zurück, ließen sich erschöpft nieder, sahen grau und dreckig aus und ließen die Flügel hängen. »Wir haben den Riesen gesehen«, flötete die Nachtigall mit einem häßlichen Krächzer in der Stimme. »Es ist der graue Wüterich. Wen er ansieht, der stirbt eines langen und qualvollen Todes. Wo er hintritt, erstirbt alles Leben. Wen er anbläst, wird grau und alt.«

Die Kinder erschraken: »Gibt es denn keine Möglichkeit, den grauen Wüterich aufzuhalten?«

Während sie so sprachen, stapfte der Riese über die Hügelkette ins Tal. Die Kinder sprangen entsetzt auf und liefen in das kleine Dorf zurück. Malte rief: »Der graue Wüterich! Der graue Wüterich!«

Doch niemand hörte auf ihn. Angelika weinte laut: »Der Riese kommt! Der Riese kommt! Alles, was er berührt, wird sterben.«

Doch niemand achtete auf sie. Hans schrie: »Der graue Wüterich! Die Tiere haben es gesagt!«

Doch niemand schenkte ihm Glauben. Im Tal der bunten Felder war es wie überall: Die großen Leute geben nichts auf die Gedanken von Kindern, geben nichts auf die Klage von Tieren und Pflanzen.

Inzwischen war der Riese mitten im Dorf. Er hatte sich dicht neben der Kirche niedergelassen, und alsbald verlor die alte Linde alle Blätter. Der Pastor hatte den schwarzen Rock angezogen und den grauen Wüterich feierlich begrüßt. Die Kinder weinten, aber die großen Leute brachten dem Riesen kostbare Geschenke, verneigten sich tief und flüsterten ergeben: Herzlich willkommen. Denn jeder hoffte auf bessere Zeiten, obwohl die Zeiten nie schlecht gewesen waren. Nur eine steinalte Frau kicherte: »Ihr werdet sehen! Ihr werdet sehen!«

Der graue Wüterich hielt eine Ansprache, die Leute klatschten begeistert; nur die Kinder hielten sich hinter der Mauer versteckt. Sie mußten immer wieder an die Worte der Tiere denken.

Es dauerte nicht lange, da beherrschte der Riese schon das ganze Tal. Die Wege waren allesamt grau, die Häuser waren grau. Die Menschen trugen graue Kleidung, die Luft war grau. Bald hieß es: »Das ist das graue Tal.«

Das Schlimmste aber war: Der Wüterich hatte sich eine Burg gebaut, eine richtige Festung. Aus dicken, langen Schornsteinen stieg grauer Qualm, der sich in dichten Schwaden über Dorf und Tal legte. Die Menschen wurden krank, husteten, wurden schwach und verlernten das Lachen. Den Kindern schien es, als hätte der graue Qualm viele Wüterich-Gesichter, so daß sie Angst bekamen. Sie liefen zu den Tieren. Aber der alte Wels war inzwischen gestorben. Viele andere Fische auch. Die meisten Vögel waren ausgewandert. Es gab nur noch ganz wenige Schmetterlinge. Der graue Wüterich hatte in kurzer Zeit fast alles vernichtet. Selbst die Seelen der Menschen und ihre Gesichter waren grau geworden. Es fielen viele böse und harte Worte; denn sie hatten vom Riesen gelernt, nur an sich selbst zu denken.

Angelika sprach mit der Nachtigall. Die sagte ihr, man müsse Hoffnung säen. Hoffnung sei das einzige, womit man dem grauen Wüterich beikommen könnte. Angelika sprach mit Malte und Hans darüber. Mittlerweile war der graue Wüterich mächtig gewachsen und lag fett und grau über dem Land.

Kirche und Häuser hatten Risse bekommen, und die Felder sahen vernachlässigt aus. Manchmal verschwamm alles im

grauen Dunst. Wenn der Wüterich gähnte, flogen die letzten Blätter von den Bäumen. Entfuhr ihm ein giftiger Furz, mußten sich die Leute ihre schmerzenden Augen reiben. Hustete er, bekamen Menschen und Tiere schreckliche Angst. Wenn er das Maul aufriß, verbeugten sich die Leute und waren bemüht, den grauen Alltag zu vergessen.
Die Kinder beschlossen, dem Rat der Nachtigall zu folgen. Hoffnung wollten sie säen. Inzwischen wußten sie auch, wie das anzustellen war. Zuerst sollten die Dohlen zur Festung des Riesen fliegen und siebenmal tausend Nester bauen. Die Tiere sammelten Zweige von den Bäumen und bauten siebenmal tausend Nester in den Schächten und Löchern, in Fenstern und Röhren der Festung.
Das geschah nachts, und der graue Wüterich merkte nichts davon. Als er am Morgen aufwachte und wie üblich laut und lange gähnen wollte, reichte die Luft nicht, so daß er bald erstickt wäre. Sogleich befahl er den grauen Menschen, die Dohlennester zu entfernen. Das dauerte viele Tage, und der graue Wüterich wurde in dieser Zeit schwächer. Die Leute aber lachten heimlich, und Lachen ist etwas, was Riesen gar nicht leiden können. Ein Wüterich lacht nicht.
Als der Riese dachte, er könnte sich erholen, machten sich auf Bitten der Kinder alle Mäuse auf den Weg zur Festung. Sie sollten siebzigmal tausend Löcher nagen. Unbemerkt vom grauen Wüterich und seinen grauen Wachen gelangten die Mäuse in die Festung und nagten siebzigmal tausend Löcher. Als der Riese am andern Morgen erwachte und sich an den Tisch setzen wollte, brachen dessen Beine zusammen. Voller Wut setzte er sich in den großen Regierungssessel. Der aber knackte unter ihm und ging zu Bruch. Da brüllte der Wüterich auf und rief um Hilfe. Aber keiner kam; denn die grauen Leute hatten die Festung fluchtartig verlassen. Da brach der graue Wüterich zusammen, klagte und heulte, wie das Riesen eben tun, wenn sie allein sind und niemanden haben, der ihnen gehorcht.
Am Rande der zerstörten Festung aber stand ein kleines

Himmelschlüsselchen. Das läutete und läutete. Langsam verzog sich der graue Dunst, und die Sonne wagte einen glühenden Blick auf das kahle Tal. Da kamen die Menschen aus ihren grauen Häusern, sammelten Farben der Erinnerung und bemalten Türen und Wände. Die Kinder aber liefen auf das Feld, klatschten in die Hände und riefen die Tiere zurück.

Die Saat der Hoffnung ging auf. Die Kinder setzten einen Gedenkstein, als der graue Wüterich das Tal verlassen hatte. Sie wollten, daß sich die Menschen an sein Bild erinnerten. In roter Schrift stand geschrieben: »Die Nachtigall machte aus dem Riesen einen Zwerg!« Ich habe das Tal der bunten Felder besucht. Die Nachtigall singt wieder.

LENA

Das Märchen vom gläsernen Paradies

Lenas Mutter war gestorben. Die arme Frau hatte lange leiden müssen. Nun war sie erlöst – so sagten die Leute im Dorf, und sie hatten das Essen gebracht, wie es nach einer Beerdigung üblich war.
Aber Lena saß nur immer im alten teerigen Boot und träumte auf das dunkle Wasser hinaus. Irgendwo hinter den sieben Weltmeeren mußte ihr Vater sein, den sie nie kennengelernt hatte. Jetzt hatte sie nur noch einen Menschen, den sie liebhaben konnte. Das war der Großvater. Er war schon über siebzig Jahre alt, aber er konnte noch mächtig zupacken, wenn es galt, Holz für den Winter zu sägen. Doch Großvater Arne Randesund sprach nur wenig. So war Lena nach dem Tod der Mutter mit ihren Gedanken allein.
Frühling war es geworden. Auf dem großen Fjord trieben noch Eisschollen, als Lena auf Großvater Arnes Geheiß das alte Ruderboot mit neuer Farbe versah. Die Sonne wärmte das Land. Lena ließ die Beine über den Rand baumeln und schickte die Gedanken über das glitzernde Wasser. Schön müßte es sein, in einer Glitzerwelt zu leben, dachte das Mädchen, und im selben Augenblick sah Lena den kleinen bunten Vogel, der sich unvermittelt auf den Bootsrand setzte und mit kleinen Augen zu dem Mädchen hinsah.
»Du träumst von einer Glitzerwelt?«
»Ja, aber wie kannst du reden?«
»Ich bin der Paradiesvogel!«
»Das glaube ich dir gern«, erwiderte Lena, »du schillerst ja in allen Farben.«

»Warum willst du in die Glitzerwelt?« fragte der Kleine.
»Ich bin oft so traurig und habe niemanden, der mich wirklich tröstet.«
»Da kann ich dir helfen«, piepste der Paradiesvogel.
»Oh, wenn du das könntest«, schluchzte das Mädchen, und schwere Tränen rannen ihm über das Gesicht.
»Folge mir nur«, forderte der Paradiesvogel Lena auf.
Lena band die Schürze fest, fuhr sich einmal durch das Haar und folgte dem kleinen Vogel, der übermütig und wie im Tanz voraufflog. Zuerst ging es durch den dichten Wald, dann quer über eine Lichtung.
»Von jetzt an darfst du nicht mehr sprechen!« sagte der Paradiesvogel. »Versprichst du mir das?«
»Ja, das verspreche ich dir.«
»Wenn du dein Versprechen brichst, mußt du sterben. Nur wer schweigt, wird die Glitzerwelt sehen.«
Lena war überglücklich und folgte dem Paradiesvogel. Es dauerte nicht lange, da trafen sie ein kleines Kind, das sich verlaufen hatte. Lena wollte es fragen, wie sein Name sei und wo es wohne. Aber da dachte sie an das Versprechen und schwieg. Das Kind hatte große traurige Augen und ballte die kleinen Fäuste vor Zorn, weil Lena nicht half. Dann spuckte das Kind auf den Boden und lief in den Wald. Lena weinte bitterlich.
»Du bist wirklich undankbar«, zeterte der Paradiesvogel. »Ich führe dich in deine Glitzerwelt, und du weinst, nur weil du nicht sprechen darfst. Tu, was du willst, ich bringe dich zu meinem Stiefbruder, dem Paradiesfisch. Der kann dir weiterhelfen.«
So kamen sie nach einer langen Zeit des Schweigens zum Paradiesfisch. Der hatte ein fettes Maul, einen langsamen Blick und trug eine stelzige Krone auf dem grünen Kopf. Der Paradiesvogel erzählte dem Paradiesfisch, was es mit Lena auf sich habe, und flog davon. Es schien, als glühten seine Federn.
»Du suchst die Glitzerwelt«, wandte sich der Fisch an

Lena. »Du suchst das Paradies? Da bist du bei mir richtig.«
›Wenn er nur nicht so häßlich wäre und nicht die seltsame Krone trüge‹, dachte Lena; denn sprechen durfte sie ja nicht. Sonst würde sie augenblicklich sterben.
»Komm«, sagte der fette Fisch. »Ich zeige dir den Weg zum Paradies.« Sprach's und rief Lena noch zu, sie würde nun so lange nichts riechen, bis sie am Ziel wären, vorausgesetzt, sie hielte ihr Versprechen.
Lena war's zufrieden, und sie folgte dem Fisch, so gut sie es vermochte. Da kamen sie an ein sauberes Fischerdorf, in dem ein buntes Fest gefeiert wurde. Äpfel wurden gebraten, und frisches Brot wurde gebacken. Wunderbare Düfte strömten durch die Luft. Aber Lena nahm von alledem nichts wahr, konnte sie doch nichts riechen. Eine alte Frau hielt ihr einen großen bunten Feldblumenstrauß unter die Nase.
Als das Mädchen merkte, daß es nichts von dem Duft spürte, wurde es sehr traurig und weinte bitterlich. Die alte Frau aber drohte Lena mit dem Stock und humpelte davon.
»Du undankbares Geschöpf«, japste der fette Fisch, »warum vergießt du Tränen, nur weil du das bunte Zeug nicht mehr riechen kannst?! Ich habe es satt, dich zum Paradies zu führen. Ich überlasse dich meinem Vetter, dem Paradiesfluß.«
Als der vom fetten Fisch hörte, was es mit Lena auf sich hätte, schmeichelte er mit kleinen Wellen: »Vertrau mir nur! Du wirst von jetzt an nichts mehr sehen. Dafür bringe ich dich zum Paradies.«
Augenblicklich wurde es dunkel um Lena, und sie mußte sich mühsam den Weg entlangtasten, immer dem Geräusch des glucksenden Flusses nach. Unterwegs stieß Lena sich die Stirn blutig; und kamen sie durch ein Dorf, dann riefen die Leute wohl: »Seht das arme Kind, es ist blind.«
Es dauerte nicht lange, da hörte Lena einen lauten Hilfe-

ruf. Doch da sie nichts sah, konnte sie nicht helfen; denn gerade an dieser Stelle tobte und toste der Paradiesfluß gewaltig.

›Jetzt ist ein Mensch ertrunken‹, dachte Lena traurig, ›nur weil ich nicht reden, nicht riechen und nicht sehen kann.‹ So saß sie am Fluß und weinte.

»Du undankbares Geschöpf«, brüllte der Fluß strudelnd und schäumte in giftiger Gischt. »Ich will mit dir nichts mehr zu tun haben. Ich übergebe dich meinen Verwandten, den Paradiesäpfeln.«

Als diese hörten, was es mit dem Mädchen auf sich habe, versprachen sie scheinheilig, ihr das ersehnte Ziel zu zeigen; nur könne Lena von nun an nichts mehr schmecken.

›Was soll daraus nur werden‹, dachte das Mädchen und folgte dem Geräusch der kullernden und plopsenden Paradiesäpfel, die rotbäckig und kugelrund den Moosgrund hinabkullerten. Unten im Tal trafen sie nach langen Tagen einen armen Mann. Der sah das Mädchen, das nun bis auf die Knochen abgemagert war, konnte es doch seit langem nicht schmecken. Also hatte es auch kaum etwas gegessen.

Als der arme Mann das wenige, was er besaß, mit Lena teilen wollte, sah sie es nicht, roch es auch nicht. Da wurde der arme Mann böse und schlug auf das weinende Mädchen ein.

›Ich habe doch keine Schuld‹, dachte Lena. Aber die Paradiesäpfel wurden zornig, schimpften, nannten das Mädchen ein undankbares Geschöpf und sagten, sie würden es nun ihrer Stiefmutter, dem Paradiesgärtlein, übergeben.

Nichts von aller Pracht konnte Lena wahrnehmen. Nur hören konnte sie, wie das Paradiesgärtlein raunte: »Willkommen, kleines Mädchen, du sollst es gut haben, fast bist du am Ziel. Deine Entbehrungen finden ihren Lohn.«

Lena freute sich über diese Worte. ›Ich will ausruhen!‹ dachte sie. Aber das Gärtlein sprach: »Du sollst nun nichts mehr fühlen, gar nichts mehr.«

›Vielleicht ist das nun das Paradies?‹ überlegte Lena. Jener

Ort, wo nichts mehr Schmerzen macht und nichts mehr Kummer! Langsam tastete sie sich durch all die bunten Wunder, von denen sie keins erleben konnte.
Da bedeutete ihr das Gärtlein, daß sie nun am großen Tor angelangt wären. Gleich dahinter läge die Paradiesfrucht. Wenn sie diese genösse, würde sie nichts mehr hören, aber die Augen würden ihr aufgehen.
Lena schleppte sich mit letzter Kraft durch das Tor, tastete nach der Frucht, führte sie behutsam zum Mund, biß hinein, ihre Ohren verschlossen sich, und ihre Augen taten sich auf.
Welch ein Wunder! Aber was war das? Da standen Tausende, Millionen von gläsernen Kästen. In jedem hockte oder stand ein Mensch. Auch Kinder waren dabei. In manchen erkannte sie Gesichter aus ihrem Dorf.
Das also war die Glitzerwelt! Das war das Paradies. Eingesperrt in gläserne Kälte. Keiner sprach mit dem andern. Keiner konnte riechen, schmecken, fühlen oder hören. Entsetzliche Einsamkeit mit offenen Augen.
»Das ist nicht das Paradies! Nein, das ist nicht das Paradies!« schrie Lena.
»Sei ruhig, mein Kind«, sagte Großvater Arne gütig. »Komm, laß uns nach Hause gehen. Die Sonne steht tief. Das Boot hat bis morgen Zeit.«
Der Paradiesvogel flog vorbei. Aber Lena klammerte sich an den Großvater. Sie war ja zu Hause. Und die Sonne stand tief, hatte er gesagt. Wie gut das klang!

KASIMIR UND BENJAMIN

Das Märchen vom großen und kleinen Clown

In der großen Stadt waren die Leute so anders geworden. In alten Zeiten hatte man gern Feste gefeiert, hatte Nachbarn eingeladen, hatte getanzt und getrunken, hatte sich gegenseitig auf Schultern geklopft und viel gelacht. Aber jetzt waren die Leute in der großen Stadt so anders. Dabei war die Stadt immer prächtiger geworden. Lange breite Straßen durchzogen das Häusermeer. Die Fassaden der Gebäude glänzten in Kupfer und Glas. Eilig schoben sich Tausende von Menschen am dicken Rathaus vorbei. Andere standen lange vor der riesigen alten Kirche, und wieder andere strömten in das Fabriktor und wieder heraus.

So ging es tagaus und tagein. Die Menschen hatten die Zeit verloren und mit ihr auch das Lachen. Ernst waren sie geworden und hart. Ihre Herzen schienen aus Stein. Sie wußten kaum mehr, worüber sie sich freuen sollten, und sahen nicht, wie der Turmfalke das Gemäuer umsegelte, hatten keinen Blick für die glitzernden Tropfen des Springbrunnens, wenn die Sonne über ihm brütete, hörten nicht, wenn die Amsel schlug.

In der großen Stadt waren die Leute eben anders geworden. In der alten Zeit war man auf der Straße stehengeblieben, hatte gegrüßt oder freundlich einen guten Tag und guten Weg gewünscht. Jetzt aber, wo die Zeit verlorengegangen war und das Lachen, jetzt lief jedermann seinen Weg, hielt den Kopf gesenkt und benutzte gar den Ellenbogen, wenn es ihm nötig schien. Selbst die Kinder hatten das Spielen verlernt. Statt dessen übten sie Schreien und Treten und Prü-

geln, und viele von ihnen schlichen sich heimlich in die Paläste der größten Straße und stahlen, was dort in den Auslagen lockte. So kommt es wohl immer, wenn man die Zeit verliert und das Lachen.
Da berief der Bürgermeister eine Versammlung ein. Als die Ratsherren am Tisch saßen, begann der Bürgermeister seine Rede: »Es steht schlimm um unsere Stadt! Das wissen wir alle. Was können wir tun?«
»Wir sollten einen Erlaß herausgeben«, meinte der Kaufmann, »einen Erlaß, daß jeder eine Abgabe zu leisten hat, mit der wir ein großes Vergnügungsgelände kaufen können. Da wird Leben sein, und die Menschen werden von nah und fern kommen. Wir werden viel Geld einnehmen, und danach wird man weitersehen.«
Viele klatschten Beifall, andere schüttelten bedenklich den Kopf. Der Fabrikbesitzer meldete sich zu Wort: »Wir müßten einen Hafen bauen und einen Flugplatz. Unsere Stadt muß interessant werden für Menschen aus der ganzen Welt.«
Viele klatschten Beifall, andere schüttelten bedenklich den Kopf. Da stand der Lehrer auf, rückte die Krawatte zurecht und begann: »Wir brauchen eine Rahmenordnung, und vor allem müssen die Menschen wieder lernen, und ganz besonders bin ich für die Einrichtung eines Ausschusses, der langfristig darüber nachdenkt, ob man sich zu Vorarbeiten der Planung entschließen sollte.«
Viele klatschten Beifall, andere schüttelten bedenklich den Kopf. Nun erhob sich der Pastor, der einen dicken Bauch hatte, und hielt eine feierliche Ansprache: Man müsse sich endlich darüber, weil es ja auch kaum anders, immerhin aber längst bekannt, und für jedermann sowieso, allerdings auch ohne größere Einsicht, wenngleich die Geschichte zeige, daß sich hier und jetzt und allzumal auch mit Eifer …
An dieser Stelle verschluckte er sich, viele schüttelten bedenklich den Kopf und andere klatschten Beifall.
Spät in der Nacht war man immer noch zu keinem Entschluß

gekommen und wußte doch nur zu gut, daß die Leute in der großen Stadt so anders geworden waren, weil sie die Zeit verloren hatten und das Lachen. Da stand der alte Johann auf, der immer den Wagen des Bürgermeisters kutschierte, spuckte seinen Priem in die Ecke des kostbar getäfelten Sitzungssaales und meinte knapp: »Ich hole Kasimir und Benjamin.«

Wen er da holen wolle, wollte man wissen. Aber der alte Johann, auf den eigentlich nie jemand so recht achthaben wollte, lächelte nur schlau mit gelben Zähnen, drehte sich um und verließ kichernd den Raum. Die vornehmen Herren blieben verwirrt zurück, schlossen die Sitzung wie immer und trafen sich anschließend zum Bier wie immer und gingen sehr spät zu Bett wie immer, um anderntags wichtig zu sein wie immer.

Inzwischen hatte sich der alte Johann auf den Weg gemacht, um Kasimir und Benjamin in die Stadt zu holen. Johann erinnerte sich an Kasimir, weil beide lange Jahre zusammen Matrosen auf einem großen Schiff gewesen waren. Wenn damals schlechte Stimmung an Bord war, hatte Kasimir immer für Lachen gesorgt. Johann hatte ihn oft gefragt, wie er das denn anstelle. Aber Kasimir hatte stets nur gütig gelächelt und gesagt: Das ist mein leiser Zauber. Leiser Zauber, genau das hatte er gesagt. Johann hatte seinen alten Freund später etliche Male als bunten Clown auf manchem Markt erlebt und wußte auch, daß er mit seinem kleinen Enkel Benjamin zusammenarbeitete.

Suchen ist eine Sache, Finden eine andere. Aber Johann wußte, wie man Kasimir finden konnte: Immer den Schwalben nach und dann gegen 7.00 Uhr scharf links abbiegen unter der Voraussetzung, daß das Korn duftete. Es dauerte auch nicht lange, da sah der alte Johann die Schwalben, wie sie nach Norden zogen, um den Frühling auszuzwitschern. Er humpelte hinterdrein und nahm bald den Duft der jungen Kornfelder im Tau wahr. Da zog er seine alte Armbanduhr aus der Tasche, es war 7.00 Uhr, und er bog scharf links

ab. Als er zwei Lächeln lang gegangen war, sah er sie am Waldrand: Kasimir und Benjamin.
Der alte Clown hatte sich festlich herausgeputzt, seine rote Nase glühte, das karierte Hemd flatterte vorwitzig unter dem Frack, die weiten Pluderhosen beulten sich über den langen Lackschuhen, und die weißen Handschuhe bewegten sich zärtlich und elegant hin und her; denn Kasimir blies Seifenblasen, eine schöner und bunter als die andere. Immer wenn eine davonsegelte, watschelte der alte Clown mit komischen Bewegungen hinterher, um sie einzufangen, was ihm nie gelang. Da mußte der alte Johann laut lachen, was er lange nicht mehr getan hatte; denn in seiner großen Stadt waren die Menschen ja so anders geworden, weil sie die Zeit verloren hatten und auch das Lachen.
Der kleine Benjamin, der fast genauso aussah wie der große Clown, saß am Grabenrand, hielt einen großen Strauß von Pusteblumen in der Hand und blies mit aller Kraft hinein. Da segelten die kleinen weißen Watteflocken in den Morgen hinein, und Benjamin jubelte vor Vergnügen, wenn er ihnen nachlief, ohne sie zu erwischen.
Als sie sich begrüßt hatten ohne viele Worte, wie es unter guten alten Freunden üblich ist, aßen sie Speck und Schwarzbrot zum Frühstück und machten sich auf den Weg zur großen Stadt. Kinder hatten die Nachricht zum Bürgermeister gebracht, daß der alte Johann mit dem großen und dem kleinen Clown auf dem Weg zum Marktplatz war. Eilig hatte der Bürgermeister allen Ratsherren Bescheid geben lassen, daß etwas Außergewöhnliches bevorstünde, und wie ein Lauffeuer ging es durch die Häuser und Straßen. Die Leute mit den steinernen Herzen blieben stehen, die Kinder hörten auf mit dem Treten und Schlagen und ließen fallen, was sie gerade in den Palästen stehlen wollten, und alle bestaunten die seltsamen drei, wie sie ihren Einzug hielten in der Stadt und auf dem Markt.
Inzwischen waren viele Menschen gekommen, und es wurden immer mehr, weil sie wohl dachten, es gäbe eine Sensa-

tion. Die Fensterputzer stiegen von den Leitern, der Bankdirektor legte den goldenen Stift hin, die Autofahrer stellten den Motor ab, Vögel kamen herbeigeflogen und setzten sich auf Drähte und Kandelaber. Die Ratsherren hatten sich ernst und feierlich aufgestellt, als wollten sie einen König begrüßen oder einen Präsidenten.

Alle waren gespannt; denn dies, was hier geschah, war nicht wie immer, sie hatten sich auf nichts vorbereiten können wie sonst immer, und keiner sollte eine Rede halten wie sonst immer. Tausend Menschen hatten sich sicher versammelt, und alle schwiegen. Ganz leise war es auf dem großen Marktplatz, nur der Wind sang im Gestänge des Springbrunnens.

Da kamen sie: Voran schritt der alte Johann, jedermann machte ihm verlegen und ehrerbietig Platz. Das hatte er noch nie erlebt. Selbst der Bürgermeister verneigte sich etwas vor seinem alten Fahrer. Ein wunderbares Gefühl war das, dachte der Alte und spuckte seinen braunen Tabak in hohem Bogen in die Menge, einfach so, und niemand schimpfte. So kamen sie bis an die große Freitreppe, und bedächtig, beinahe andächtig stieg Kasimir Stufe um Stufe hinauf, bis er oben stand und wie unter einer schweren Last gebückt verharrte, bis der kleine Benjamin bei ihm angelangt war.

Da stand er nun, wirklich ein König, wirklich ein Präsident, der alte Clown Kasimir. Langsam, ganz langsam streckte sich seine Gestalt, bis er aufrecht stand, und dann sah er sie an, die tausend Menschen mit den steinernen Herzen, mit den erloschenen Augen, ihrem verlorenen Lachen und der verlorenen Zeit. Dann hob er den kleinen Benjamin auf die Balustrade. Mit kleiner hilfloser Gebärde winkte Benjamin. Einige Kinder winkten zurück, und auch der Lehrer winkte. Aber alle schwiegen. Der alte Johann sah zu den beiden hinauf und dachte: Das sind meine Freunde! Aber was werden sie tun?

Kasimir hob die Hand, als wolle er irgendein Zeichen geben. In diesem Augenblick setzte sich ein bunter Schmetterling auf seinen ausgestreckten Zeigefinger, und Kasimir lächelte, lächelte so schön, daß nun auch die tausend Menschen lächelten, und lächeln – das ist ja leise, wie alle Wunder dieser Welt leise geboren werden. Dies war ein Wunder, dachte der alte Johann, der nun sah, wie Kasimir tief in die Tasche griff und seinen Seifenblasenstab herausholte. Mit dem Schmetterling auf dem Zeigefinger hielt er das kleine

Gefäß mit dem bunten Zauber und begann nun zu blasen, zu blasen, zu blasen, und die Seifenblasen flogen in die Menge, die Menschen reckten ihre Hände, um die kunstvollen Gebilde zu fangen. Dabei kamen sie in Bewegung, ins Straucheln, ins Torkeln, ins Tanzen und ins Lachen, und sie lachten und lachten, während Kasimir seine Seifenblasen blies, die immer größer wurden.

Da öffnete Benjamin seinen großen Koffer und holte tausend Pusteblumen heraus, in die er nun blies, so daß die weißen Flocken übermütig in die Menge flogen. Das war ein Leben, die steinernen Herzen wurden weich, die verloschenen Augen bekamen Glanz, das verlorene Lachen kam zurück, und alle hatten Zeit, ganz viel dicke, runde, fette Zeit, die man jetzt nur ernten mußte ohne zu zögern.

Es war schon ein komisches Bild, als plötzlich Lehrer und Pastor miteinander tanzten, als Bürgermeister und Fabrikbesitzer aus vollem Halse sangen. Niemand aber achtete auf Kasimir und Benjamin. Der alte Clown blies mit aller Kraft. Aber es war zuviel für den alten Mann. Während die Menge lachte, tanzte und sang, brach er lautlos zusammen und starb.

Nur der alte Johann hatte es gesehen, ging die Treppe hinauf, führte den kleinen Benjamin zum toten Kasimir, erlebte Augenblicke lang die ganze Trauer eines langen Lebens, sah, wie das Kind unter der dicken Schminke weinte, nahm dann den Seifenblasenstab und blies. Auch Benjamin blies unter Tränen seine Pusteblumen in die Luft.

Die Menschen aber waren glücklich und befreit. Das Fest dauerte an. Als man sich spät am Abend nach Kasimir, Benjamin und dem alten Johann umsah, wußte niemand, wo sie geblieben waren. Lange fragte man noch nach ihnen, ließ sie suchen, fand sie aber nicht. Doch das Wunder blieb in der Stadt und mit ihm das Lachen und auch die Zeit.

So hatte es Kasimir gewollt, sagte der alte Johann zu Benjamin; denn er trug nun das Kostüm des alten Clowns. Kein Mensch merkte es.

DIE MÜHLENKINDER

Ein Märchen von Traum und Leben

Seit Jahrhunderten stand die alte Windmühle am Rande des Dorfes. Längst schon gab es keinen Müller mehr; denn die Bauern brachten ihr Korn zu den großen Silos. Außerdem brachten Schiffe und Flugzeuge das fertige Mehl aus fernen Ländern. Die Zeiten hatten sich geändert, aber die Mühle war geblieben. Gern erzählten die Alten im Dorf von früher, wenn sie Säcke voller Korn mit Pferd und Wagen zur Mühle fuhren. Das waren wichtige Tage gewesen, heilige Tage, Erntezeit.

Der alte Jens erinnerte sich an viele Geschichten, die mit der Mühle zu tun hatten. Wenn Kinder ihm zuhörten, dann berichtete er sogar von jener Sturmnacht, als sich die Flügel aus der Halterung gerissen hatten und den Müller mit herumschwangen, bis ihn die Kräfte verließen und er wie ein Mehlsack in den kleinen Teich geschleudert wurde. Glück hatte er im Unglück, sagten die Leute, und niemand wußte genau, ob diese Geschichte überhaupt stimmte. Doch die Kinder im Dorf wollten sie immer wieder hören; denn spannend war sie und lockte zum Träumen. So waren die Jahre vergangen, und der alte Jens war längst gestorben. Doch die Geschichte lebte weiter.

Inzwischen war es in der alten Mühle wieder lebendig geworden. Sechs Kinder waren eingezogen und freuten sich, daß sie zusammen mit den freundlichen Pflegeeltern ein gemütliches Zuhause hatten. Wenn sie abends im Bett lagen, hörten sie die alten Balken knacken, und wenn der Wind durch die Flügel sang, war es ihnen, als erzähle der alte Jens wieder seine Geschichte.

Es war ein heißer Tag gewesen. Die Kinder hatten im Heu geholfen, waren noch zum Schwimmen gefahren, hatten dann mit Heißhunger das Abendbrot verzehrt und sich dann müde und glücklich zu Bett gelegt. Wolf dachte noch darüber nach, daß der Kaufmann ihnen zugerufen hatte: »Paßt auf, daß ihr nicht wegfliegt! Die Möwen sind im Land. Es wird Sturm geben.«

Bald schliefen alle, und die Pflegeeltern gingen noch auf einen Sprung in den nahe gelegenen Krog auf ein Glas Brause. Da zog ein Gewitter auf, und ein Wind erhob sich, der bald zum Sturm wurde. Es heulte und krächzte, jaulte und pfiff um die Ecken, daß es nur so eine Art hatte. Aber die Kinder schliefen – schliefen tief und fest. Ein greller Blitz durchzuckte die Wolkenwand, und alsbald folgte grollender Donner. Dann rauschte der Regen peitschend herab.

Wolf sah es als erster: Der Wind hatte die Mühlenflügel aus der Halterung gerissen, und langsam bewegten sich die riesigen Blätter im Kreis schneller und schneller, schneller und schneller. Wolf wollte schreien, brachte aber keinen Ton heraus. Er wollte aufstehen, aber eine geheimnisvolle Kraft hielt ihn fest. Er starrte wie gebannt auf die kleinen Fenster, vor denen sich die Mühlenflügel, wie von Geisterhand getrieben, immer rasender drehten. Plötzlich gab es in Gemäuer und Gebälk einen Ruck, und Wolf erlebte, wie sich die Mühle von der Erde hob, höher und immer höher, bis dahin, wo die Möwen mit dem Sturm spielten, bis sie schließlich sanft schaukelnd über das Dorf schwebte und wie ein Rieseninsekt am nächtlichen Himmel verschwand.

Da erst vermochte Wolf sich aus dem Bett zu erheben, er wankte ans Fenster und staunte hinaus, ängstlich, doch voller Neugier. Als er spürte, daß die Mühle friedlich flog und alles in Ordnung war, lief er von Bett zu Bett und weckte die anderen Kinder. Verschlafen und verträumt, verwirrt und verängstigt erhoben sie sich und liefen zu den Fenstern. Anneke schrie auf, hielt dann die Hand vor den Mund und starrte hinaus. Die großen Flügel drehten sich jetzt langsa-

mer, und zuweilen konnte man den dicken gelben Mond durch die Wolken glänzen sehen.
Jan gab sich Mühe, ganz tapfer zu erscheinen. Aber ihm zitterten die Knie, als er sich aus dem Fenster beugte und sah, daß Häuser und Bäume immer kleiner wurden. So ging es allen Kindern der Mühle.
Aber Sorge und Angst währten nicht lange. Abenteuerlust und Neugier setzten sich durch. Ose schlug vor, man solle telefonieren. Sicher könne der Rettungshubschrauber zu Hilfe kommen. Doch bald mußten die Kinder erkennen, daß ja auch alle Leitungen abgerissen waren. Oliver hatte die Idee, man solle Feuer- oder Rauchzeichen geben.
Aber das schien den anderen zu gefährlich. Vor allem wußte auch niemand so recht, wie das anzustellen sei. Alfred schlug vor, Gegenstände abzuwerfen. »Typisch Mädchen«, meinte Wolf, denn Alfred hieß eigentlich Marion.
Aber Alfred widersprach. Die Menschen tief unten würden dann doch auf sie aufmerksam werden. Jan sagte, das sei zu gefährlich; denn einerseits könne man Menschen treffen, und andererseits würde die Mühle dann ja noch höher steigen. Das wisse er noch aus seinem Buch über Luftballons.
So berieten die Kinder hin und her, als sie plötzlich spürten, daß die Bewegungen der Mühlenflügel langsamer wurden, bis das seltsame Flugzeug sanft aufsetzte. Alles war still. Kein Lüftchen regte sich. Oliver öffnete die Tür.
Die Mühle stand leicht schwankend auf einem großen Felsen, und auf dem Felsen saß in einiger Entfernung ein außergewöhnliches Wesen, das seine Aufmerksamkeit mit leuchtenden Augen der Mühle und den Kindern zuwandte.
»Was ist das?« flüsterte Anneke.
»Seid leise!« warnte Jan.
Da kam das Wesen auch schon auf sie zu, indem es sich auf langen breiten Füßen, die Schwimmhäute aufwiesen, auf die Mühle zu bewegte.
»Sechs Füße hat es«, brachte Alfred heiser heraus.
»Es hat ein Fell wie ein großer Bär«, meinte Oliver.

»Seht den riesigen Kopf mit Glatze!« rief Anneke.
Da war das Wesen auch schon heran, hob seine Pranke und rüttelte an der Mühle, daß es nur so krachte. Danach öffnete das Wesen sein Maul und brüllte: »Ich bin der Schmoddel! Dies ist mein Felsen. Wer ihn betritt, ist des Todes. Es sei denn, es sei denn ... ihr fliegt zu meiner Kusine, der Kakerlakse. Die wohnt in der großen Höhle unter dem alten Schloß. Sie sitzt auf einem silbernen Armband. Das will ich haben.«
Die Kinder schlugen schnell die Tür zu. Der Schmoddel holte tief Luft, blies aus Leibeskräften in die Mühlenflügel, und die Fahrt begann aufs neue, während das tiefe Lachen des Schmoddels den Kindern wie eine schaurige Musik vorkam.
Es wurde ein wirbelnder Flug, und die Kinder hielten sich mit Mühe an den dicken Balken fest. Den Kindern schien es eine halbe Ewigkeit zu sein, wie sie so über einen großen See flogen, durch Gewitterwolken hindurch und schließlich vor der großen Höhle unter dem alten Schloß landeten. Es gab einen harten Ruck, dann standen die Flügel still, und Jan öffnete vorsichtig die Tür. Dann traten alle heraus. Wolf sollte vorangehen. Die andern folgten: Jan mit zitternden Knien, Oliver mit flatterndem Herzen, Ose mit hochrotem Gesicht, Anneke kreidebleich und schließlich Alfred, die vorsichtshalber rückwärts ging.
Als sie sich der Höhle näherten, wurde es dunkel. Schwarze Wolken zogen herauf, starker Wind zauste die Bäume, und die Kinder schlichen mit klopfendem Herzen in die Höhle der Kakerlakse. Da lag sie, schlafend, riesig, unvorstellbar groß und häßlich: eine Riesenschabe, mit fettigen schwarzen Flügeln, die schlaff zu beiden Seiten herunterhingen, mit triefenden rot umränderten Augen und acht dicken, schwarz behaarten Beinen. Das Wesen war größer als die ganze Mühle, und den Kindern stockte der Atem, als sie sahen, wie sich die Augen des Ungeheuers öffneten und das zangenbewehrte Maul sich auftat: »Was sucht ihr hier? Wer mich stört, ist des Todes.«

Ose schrie: »Der Schmoddel schickt uns!«
»Soso, der Schmoddel schickt euch?! Was will er denn? Antworte schnell!«
Jan flüsterte: »Er will das silberne Armband.«
»Rede lauter!« grunzte die Kakerlakse.
»Er will das silberne Armband«, schrie jetzt Anneke.
Da lachte die Kakerlakse dröhnend, und das Echo donnerte und dröhnte durch die Höhle: »Wollt ihr das silberne Armband, dann müßt ihr zuvor zu den Piliwins fliegen. Die wohnen in der Wüste und sind ferne Verwandte von mir. Sie hüten die Goldene Schnecke. Sie müßt ihr bringen. Dann werden wir weitersehen.«
Die Kinder machten, daß sie aus der Höhle kamen. Unheimlich war ihnen geworden, und kaum hatten sie die Tür der Mühle hinter sich zugeworfen, als auch schon die Flügel in Bewegung kamen; denn die Kakerlakse blies, was das rote Maul nur hergab.
Als sie hoch oben in der Luft waren, setzten sich die Kinder auf den Boden und berieten die Lage. Ihnen war inzwischen klargeworden, daß sie in den Bann geheimer Verwandlungen verstrickt waren, und sie wußten nun auch, daß sie die Reise fortsetzen mußten. Anders gab es wohl keine Heimkehr. So aßen sie etwas und legten sich dann zum Schlafen nieder. Oliver sollte Wache halten. Mehr gab es nicht zu tun. Denn die Mühle flog von ganz allein.
Als am andern Morgen die Sonne am Horizont emporstieg, brauchte Oliver die Freunde nicht zu wecken. Bald standen alle an den Fenstern und blickten auf die weite braun-gelbe Wüste hinunter, der sie sich schnell näherten. »Festhalten!« rief Ose, aber da war die Mühle auch schon gelandet, Sand wirbelte auf, bis die Flügel standen. Alfred offnete die Tür, die Kinder hielten die Hand über die Augen, weil das grelle Licht so blendete.
Als sie sich an die Sonne gewöhnt hatten, schauten sie sich um. Plötzlich krabbelten sie aus tausend Sandlöchern heran – die Piliwins!

»Seid ihr die Piliwins?« fragte Anneke mutig.
Statt zu antworten, kletterten die kleinen braunen Gestalten an den Kindern hoch. Wie die staunten! Denn was sie sahen, was da an ihnen heraufkrabbelte, das waren winzige fischköpfige Gestalten mit langen Ohren und Saugnäpfen an den kleinen Pfoten.
Die Kinder wollten fliehen, aber die Piliwins hatten ihnen den Weg zur Mühle schon verstellt.
»Was wollt ihr bei uns?« piepste eine dünne Stimme.
Jan faßte sich ein Herz: »Wir wollen die goldene Schnecke. Die sollen wir der Kakerlakse bringen.«
Schallendes Gelächter war das Echo. Da sprach der Piliwin abermals: »Ihr sollt die goldene Schnecke haben. Aber vorher müßt ihr zum Zauberzwerg fliegen. Der wohnt auf dem höchsten Punkt des Äquators. Von ihm holt die Sanduhr, die das Leben mißt. Wenn ihr die habt und zu uns bringt, dann wollen wir weitersehen.«
Schnell wandten sich die Kinder um, die Piliwins ließen sich einfach in den Sand fallen, die Kinder huschten in die Mühle, verriegelten die Tür, und im selben Augenblick erhob sich die Mühle mit kreisenden Flügeln, weil die ungezählten Piliwins aus Leibeskräften bliesen. Nach wenigen Stunden schon erblickten die Kinder jenen breiten Gürtel aus dicken Bäumen, der sich rund um die Erde zieht und Äquator heißt.
Dort landete die Mühle auf dem höchsten Punkt. Ein paar lange Schlangen ringelten sich um die Standbalken, die Kinder öffneten die Tür und traten heraus in den feuchtheißen Urwald. Eine Zauberwelt umgab sie, voller Schlingpflanzen und eigenartiger Klänge. Wenige Schritte nur waren sie gegangen, als eine harte Stimme sie zum Stehenbleiben aufforderte. Da saß er: der Zauberzwerg. Er saß auf einem Urwaldriesen und hielt die Lebenssanduhr in der Hand. In seinem Gesicht war die ganze Bosheit und Verschlagenheit der Welt versammelt. Alle Gemeinheiten, alle Tücke hatten hier ihre Spuren hinterlassen.

»Seht ihr, was ich habe?« schrie der Gnom und hielt die Sanduhr hoch. »Seht ihr, was ich habe?«
Wolf flüsterte: »Die kriegen wir nie.«
»Abwarten«, meinte Jan. Er hatte schon einen Plan. In einem Buch hatte er gelesen, daß böse Leute eins überhaupt nicht aushalten können: Wenn man sie auslacht. Das sagte Jan zu den andern Kindern und fügte hinzu: »Wenn ich die Uhr habe, dann lacht und tanzt weiter und zieht euch langsam bis zur Mühle zurück.«
Als der Zauberzwerg mit rollenden Augen und häßlicher Stimme den Kindern androhte, er würde sie umbringen lassen, stemmten diese ihre Hände in die Seite und lachten. Sie lachten und tanzten dazu, während der Zwerg aufsprang und fürchterlich zu schimpfen und zu drohen begann. Je mehr er aber schimpfte und zeterte, desto lauter und lustiger lachten die Kinder. Jetzt lachten sie wirklich, weil sie spürten, wie die Macht des bösen Zwergs zu schwinden begann.
In dem Augenblick aber, als der Zwerg sich den Schweiß der ohnmächtigen Wut von der runzligen Stirn wischte, sprang Jan vor, packte die Sanduhr mit einem blitzschnellen Griff und sauste in langen Sätzen zur Mühle zurück, gefolgt von den andern Kindern, die dabei lachten und lachten und lachten. Als sie schließlich die Tür hinter sich verriegelt hatten, hörten sie den Zwerg keifen und zetern und an der Mühle rütteln. Doch es half nichts, die Mühle hob sich, weil die Äquatorwinde mächtig bliesen, die Schlangen fielen herab, nur der Zauberzwerg hielt sich an einem Balken fest, zappelnd und schreiend, bis ihn die Kräfte verließen und er in die Tiefe stürzte.
Bald waren die Kinder wieder in der Wüste. Die Piliwins umsprangen die Mühle und konnten es kaum erwarten, bis die Kinder mitten unter ihnen standen. Als Ose feierlich die Sanduhr in die Mitte der zierlichen Kerlchen stellte, gab es ein Sausen in der Luft, und die kleinen Gestalten waren wie ein Spuk verschwunden. Nur die goldene Schnecke lag dort,

und die Kinder nahmen die Schnecke, nahmen auch die Sanduhr und bestiegen wieder die Mühle, die sich alsbald erhob und zu der Höhle unter dem Schloß segelte. Die Kinder rätselten noch herum, was wohl aus den Piliwins geworden sei, als sie auch schon aufsetzten und durch die Fenster die häßliche Kakerlakse erblickten.

»Hier hast du die goldene Schnecke«, rief Wolf der Kakerlakse durch die geöffnete Tür zu. Im selben Augenblick gab es ein Grollen aus der Höhle, und die Kakerlakse war wie von Geisterhand verschwunden. Nun hatten die Kinder die Sanduhr, die goldene Schnecke und das silberne Armband, bestiegen ihre Mühle, schlossen diesmal nicht einmal mehr die Tür, sondern genossen beim Flug die hereinströmende Luft.

Als sie auf dem Felsen angekommen waren, erwartete sie der Schmoddel mit lauten Rufen. Die Kinder stiegen aus, überreichten dem Schmoddel das silberne Armband. Hastig griff der Schmoddel zu und war im selben Augenblick verschwunden. Ratlos blickten sich die Kinder an.

Als sie sich mit ihrer Mühle auf den Heimflug begaben, kam eine weiße Taube an das Fenster und begehrte Einlaß. Anneke ließ die Taube herein, nahm sie auf die Hand, und die Taube begann zu sprechen: »Ihr habt den Zauberzwerg besiegt, weil ihr gelacht habt. Ihr habt dadurch die Piliwins befreit, das sind alle guten Träume dieser Welt. Dadurch habt ihr die Kakerlakse verwandelt, denn sie war die verzauberte Liebe. Und jetzt befreit ihr mich. Ich bin der Schmoddel, aber in Wirklichkeit bin ich das Leben!«

Sprach's und war verschwunden. Die Kinder aber hielten Sanduhr, Schnecke und das silberne Armband in den Händen.

Niemand weiß, was aus ihnen geworden ist. Aber die Mühle steht noch im Dorf, und immer noch machen die Geschichten vom alten Jens die Runde. Ich glaube, die Kinder sind auch zurückgekehrt; denn woher käme sonst soviel Lachen und Träumen, Liebe und Leben?

DER SCHWARZE ELCH

Ein Märchen von der wiedergefundenen Vergangenheit

Jeden Abend trat der schwarze Elch aus dem dichten Forst an das seichte Wasser, um seinen Durst zu stillen. Viele Jäger hatten immer wieder versucht, das große Tier zu erlegen. Aber es schien, als habe der schwarze Elch einen besonderen Sinn für alle ihm drohende Gefahr. So unterhielt man sich in den Herbergen des Landes mit wachsendem Respekt über das kluge Tier. Der König hatte einen hohen Preis ausgesetzt für jeden, der ihm den schwarzen Elch brächte – tot oder lebendig!

Da machten sich wieder einmal viele Männer auf, um das edle Tier zu jagen. Sie fragten im Lande umher, wer den Elch gesehen hätte. Man wollte ihn am großen Fjord gesehen haben. Andere behaupteten, er hielte sich zur Zeit mit etlichen stattlichen Kühen dicht an der Küste auf. Wieder andere meinten, sie hätten ihn zuletzt auf der Hochebene gesehen, zwischen Moos und Gletscher. Einige Jäger taten sich zusammen, weil ihnen inzwischen unheimlich geworden war. Es konnte nicht mit rechten Dingen zugehen.

Unter den Jägern befand sich ein junger Mann, der wohl 21 Jahre zählte und Andreas hieß. Andreas war bekannt für seine traurigen Augen; denn er hatte vor nicht allzu langer Zeit seine Vergangenheit verloren, wie er sagte. Die anderen ließen ihn in Ruhe; denn es war ihnen nicht geheuer in der Gesellschaft eines Menschen, der vorgab, seine Vergangenheit verloren zu haben. Nicht daß er nicht wüßte, wer er war, oder gar vergessen hätte, von wo er kam. Nein, es war anders. Er fühlte insgeheim, daß er sich in der Welt nicht zurechtfand.

Darüber hatte Andreas sich mit seinem Vater zerstritten. Der Vater war ein großer schwerer Mann, der es nicht ertragen konnte, wenn jemand das Leben in Frage stellte. Die Mutter hatte dann oft gegrübelt und geweint. Andreas aber hatte sich mehr und mehr zurückgezogen, war seine eigenen Wege gegangen, immer auf der Suche nach der Vergangenheit, wie er es nannte.

Als ihn eine alte Frau im Wald einmal darauf ansprach, antwortete er: »Ich suche die Quelle des Lebens.«

Die Alte schüttelte verwundert den Kopf und meinte freundlich, er solle sich als Fjordhüter verdingen, dann fände er sicher Zeit, nach der Quelle des Lebens zu suchen.

Andreas gingen die Worte der alten Frau durch den Kopf, wußte er doch, daß es im Lande viele alte weise Frauen gab, die das Leben kannten und um seine Geheimnisse wußten. Deshalb dankte er ihr und machte sich auf den Weg zum Königshof, um sich als Fjordhüter zu verdingen.

Als er bei Hofe ankam, wollte man ihn nicht vorlassen. Von einem, der Fjordhüter werden wollte, wollte man nichts wissen. Als Andreas aber beiläufig sagte, er könne dann besser auf den schwarzen Elch achtgeben, wurde der Oberhofmeister aufmerksam, meldete ihn beim König an, der befahl, den jungen Mann sofort vorzulassen.

Der greise König war ein gütiger Mann und erkannte sofort, daß er es mit einem besonderen jungen Menschen zu tun hatte. Und so kam es, daß er Andreas sogleich als Fjordhüter in seine Dienste nahm, allerdings mit dem Hinweis, ihm, dem König, sei alles daran gelegen, den schwarzen Elch sein eigen zu nennen. Andreas schwieg dazu, was der König für ein demütiges Einverständnis hielt.

So war es also gekommen, daß Andreas sich in die Schar der Elchjäger begeben hatte, von denen jeder den Preis erringen wollte: einen königlichen Bauernhof zu erwerben für alle Zeiten. Nur Andreas wollte dies nicht und hielt sich deswegen auch abseits von den andern, wenn sie abends am

Feuer saßen und nachdachten, warum ihnen der schwarze Elch wieder einmal entgangen war.
So war es Herbst geworden, und die schweren Stürme kamen ins Land, ließen die Blätter hochwirbeln und die Bäume ächzen. Die Jäger hatten die vergebliche Suche nach dem schwarzen Elch aufgegeben, waren in ihre Dörfer und Hütten zurückgekehrt. Nur Andreas blieb am Fjord, stapelte Holz für den langen Winter, trocknete Fische für die karge Zeit und verbrachte die dunklen Abende mit Schnitzen. Ohne daß er viel darüber nachgedacht hätte, schnitzte er aus einem Stück schwarz glänzender Mooreiche einen Elch. Die Arbeit gedieh so gut und die kleine Figur nahm sich so wunderschön aus, daß Andreas schließlich an einem stürmischen Novemberabend die große Kerze auf den Tisch stellte und den geschnitzten Elch in alle Richtungen im Licht drehte, daß es nur so eine Freude war.
So ging es in den Winter hinein. Es wurde Weihnachten, die Wälder lagen tief verschneit, und Andreas hatte in seiner Hütte am Fjord einen kleinen Tannenbaum geschmückt, um das Fest gebührend begehen zu können. Am Heiligen Abend kam ein schrecklicher Sturm auf. Der Fjord warf seine Wellen hoch an die Felsen, und der Wind brach alte Kiefern, als wären es Streichhölzer. Andreas saß in der Hütte am lodernden Kamin und dachte an den schwarzen Elch, als er ein schabendes Geräusch an der Tür vernahm. Erst meinte er, es sei ein Ast gewesen, aber als sich das Geräusch wiederholte, nahm er seine doppelläufige Flinte vom Haken und warf den Riegel zurück. Der Sturm riß die Tür auf, und Andreas traute seinen Augen nicht: Draußen stand der schwarze Elch! ›Was für ein stattliches Geschöpf!‹ fuhr es dem jungen Jäger durch den Kopf, und er hob die Flinte und legte sie auf den Elch an. Aber irgend etwas hinderte ihn, den Abzug durchzuziehen. Er blickte in zwei große traurige Augen und sah das riesige schneebedeckte Geweih. Da brachte er es nicht übers Herz, das schöne Tier zu töten, senkte das Gewehr und wollte wieder in die Hütte treten, als

der Elch zu sprechen begann: »Töte mich nicht! Ich kann dir deinen größten Wunsch erfüllen. Aber töte mich nicht.«
Andreas erschrak. Da sprach der schwarze Elch weiter: »Laß mich an deinem Feuer ausruhen. Du sollst es nicht bereuen.«
Da machte Andreas eine einladende Bewegung, und das große schwarze Tier betrat langsam die kleine Hütte, schüttelte im Eingang den Schnee aus dem Haarkleid, stampfte mit den Hufen auf und ging bedächtig bis zum Kamin. Dort ließ sich der Elch auf dem Boden nieder und schlief sofort ein.
Andreas wußte nicht, was nun zu tun sei. Er hatte dem König einen Eid geschworen, den schwarzen Elch tot oder lebendig zu bringen. Er hatte aber auch das große Tier sprechen hören und brachte es nicht über sich, dem schlafenden Elch das Messer ins Herz zu stoßen.
So ging er nach draußen, um Holz nachzuholen. Als er das getan hatte, setzte er Wasser auf, um sich einen schweren Tee zu kochen, in den er Rum tun wollte. Das Feuer loderte im Kamin, das Teewasser brodelte bald gemütlich im kupfernen Kessel, und Andreas bereitete sich so ein schmackhaftes Weihnachtsessen, indem er noch vom geräucherten Schinken ein gehöriges Stück herunterschnitt und vom selbstgebackenen Brot abbrach.
Während der schwarze Elch in tiefer Erschöpfung schlief, genoß Andreas das einfache Mahl und mußte an die vielen Weihnachtsabende von früher denken, als es in Mutters Küche nach Anisplätzchen roch. Da trat auch wieder des Vaters Bild vor seine Augen, und er sah den klobigen Mann mit dem dichten Bart sich verstohlen die Augen wischen, wenn Weihnachten war. Und jetzt war Weihnachten. Und er, Andreas, saß in seiner Hütte am großen Fjord und hatte den schwarzen Elch zu Gast. Er schmunzelte bei dem Gedanken, was die andern Jäger wohl sagen würden, wenn sie eben gerade zur Tür hereinkämen. Andreas erinnerte sich daran, daß der Vater stets gesagt hatte, gute Menschen

könnten zu Weihnachten die Tiere verstehen, wenn es Mitternacht geworden war.
Als er aus dem Grübeln aufblickte, bewegte sich der schwarze Elch, hob den gebogenen Nacken, tat einen tiefen Seufzer, pustete laut aus weit geöffneten Nüstern und rieb seine Schaufeln genüßlich am runden Stein des Kamins.
»Was willst du hier?« fragte Andreas, der nun endlich die Flinte weggestellt hatte.
»Ich will Ruhe«, antwortete der Elch, »ich will endlich Ruhe. Monatelang habt ihr mich gejagt. Jetzt kann ich nicht mehr.«
»Hattest du keine Sorge, ich könnte dich töten?« fragte Andreas.
»Ich hatte keine Sorge«, erwiderte der Elch.
»Aber ich bin ein Jäger«, widersprach Andreas.
»Du bist nur ein Jäger, wenn du davon leben mußt.«
Danach erhob sich der schwarze Elch und stand nun hoch aufgerichtet vor dem jungen Mann. Der mächtige Kopf hing tief über dem kleinen Tisch, ein Zittern ging durch das riesige Tier, und beide, Elch und Mann, sahen sich lange an. Andreas schien es eine halbe Ewigkeit. Endlich sagte der Elch: »Und was suchst du?«
»Ich suche die verlorene Vergangenheit.«
»Da kann ich dir helfen«, sprach der Elch freundlich, »aber der Winter muß erst vorüber sein. Danach können wir die verlorene Vergangenheit suchen.«
Von diesem Weihnachtsabend an blieben die beiden beieinander. Andreas ruderte sogleich am nächsten Tag zwei Stunden talwärts, wo er in einem kleinen Dorf zehn Ballen Heu für geringes Geld erstand. Auf die neugierige Frage des Bauern, wofür er das denn mitten im Winter brauche, erwiderte Andreas schnell, er füttere das Wild. Aber dort oben am Fjord gäbe es doch keines, warf der Bauer argwöhnisch ein. Es hätten sich einige Rentiere dorthin verirrt, meinte Andreas schnell, und der Bauer könne sein Heu überdies gern behalten, wenn ihm der Kauf nicht behage. Aber das wollte

der arme Mann schon gar nicht, da er das Geld dringend brauchte. So ruderte Andreas die kostbare Fracht stolz fjordaufwärts, was Stunden dauerte, da er immer wieder Pausen einlegte. Als er an der Hütte ankam, stand der schwarze Elch schon am Felsen und erwartete den Freund.

Von nun an durchstreiften die zwei tagaus, tagein die dunklen tiefen Wälder, beobachteten nachts die Gestirne und tags Wolken und Schnee. Andreas schlug das Eis auf und fing Fische, während der schwarze Elch die Schneedecke mit den Hufen wegscharrte, um an das Moos heranzukommen. Abends kaute der Elch sein Heu, und der Jäger bereitete sich eine einfache Suppe oder aß Brot mit Speck. Waren sie nachts in der Hütte, dann rückten sie eng zusammen, und Andreas schlief am samtenen Fell des großen Tieres. So ging die kalte Jahreszeit hin, und der Jäger spürte zum ersten Mal in seinem Leben alle Wärme und Geborgenheit der Welt.

Als die Tage länger wurden und das Eis durch die Kraft der Frühlingssonne mit Donnern barst, sagte eines Abends der schwarze Elch: »Morgen gehen wir.«

Andreas packte den Rucksack, versah die Hütte und seine wenigen Sachen mit großer Sorgfalt und legte sich dann schlafen. Anderntags machten sich beide auf den Weg. Für Andreas sollte es der Weg in die Vergangenheit werden.

Das Heidekraut war noch feucht vom Tau, als die beiden Freunde loszogen. Der schwarze Elch ging voran, so als wolle er alle Fährnisse des Weges voraustasten, damit Andreas auch ja ohne Schaden zum Ziel fände. Da es noch früh im Jahr war, mußten sie abends Schutz in Höhlen oder unter überhängenden Felsen suchen. Dicht aneinandergedrängt verbrachten sie die Nächte, und der Jäger war so stets gewärmt und beschützt. Das riesige Schaufelgeweih des Elches war eine gute Wehr gegen jeden Feind.

»Warum suchst du die Vergangenheit?« fragte der Elch.

»Inzwischen weiß ich es selber nicht mehr so recht«, erwiderte Andreas.

»Warum hast du mich nicht getötet?« fragte der Elch.
»Ich konnte es einfach nicht.«
»Du teilst mit mir dein Nachtlager«, sagte der Elch, »du spürst die Wärme meines Haarkleides, du teilst mit mir die Früchte des Waldes, du gehst mit mir meinen Weg. Warum tust du das?«
»Ich vertraue dir«, sagte Andreas leise. Längst wußte er, daß ihn eine tiefe Freundschaft zu diesem wunderbaren Tier zog.
So war es Mai geworden. Der Elch fand jetzt reichlich Weide und junges Laub an den Bäumen. Andreas fing sich so manches Kaninchen. Sie litten keine Not und gingen ihres Wegs unbeirrt. Der König hatte alle Jäger wieder aufgefordert, den schwarzen Elch zu bringen, tot oder lebendig. Zudem hatte er den Befehl gegeben, ihm zu sagen, wo denn der junge Jäger Andreas geblieben sei.
Eines Tages mußten Andreas und der schwarze Elch einen reißenden Bergfluß überqueren. Sie ließen sich vorsichtig ins Wasser, als sie auch schon ein Strudel erfaßte und an den harten Fels schlug. Benommen trieb der Jäger stromabwärts, und der Elch hatte alle Mühe, ihm zu folgen, um ihn zu retten. In einem schäumenden Kessel gelang es ihm, den ermatteten Mann auf das Geweih zu nehmen und am Rand auf das Moos niederzulegen. In diesem Augenblick wurden beide von der Meute der anderen Jäger entdeckt. Einer von ihnen schoß einen Pfeil ab und traf den schwarzen Elch in den Hals.
»Setz dich auf meinen Rücken«, flüsterte das blutende Tier. Das tat Andreas und versuchte dabei, das Tier vom schmerzenden Pfeil zu befreien.
»Laß den Pfeil stecken. Der Weg ist nicht mehr weit«, sagte das Tier.
Andreas war sehr traurig, daß der schwarze Elch so schwer verwundet war. Und zornig war er über die anderen Jäger. Am Abend dieses Tages mußten sie früher Rast machen und nach einer Lagerstatt suchen, weil die Wunde sich entzündet hatte.

Sosehr sich Andreas auch mühte, er konnte den Pfeil nicht aus dem Hals des Elches ziehen. Am anderen Morgen konnte sich das Tier nur mit großer Anstrengung erheben. Die schreckliche Wunde eiterte, und der Hals war geschwollen.
»Laß uns weitergehen«, röchelte der schwarze Elch. Andreas hatte Tränen in den Augen, als er den Freund bergab führte. Mittags suchte er frische Blätter und zarte Rinde, aber der Elch fraß nicht, stöhnte nur leise und stand mit zitternden Flanken. Nach kurzer Rast zogen sie langsam weiter. Die Sonne stand hoch am Himmel, Libellen tanzten träge in der Luft.
»Die Vergangenheit ist weit«, sagte der Elch, »sie ist weit, weil sie sich an ihrem Ende mit der Zukunft trifft.«
Andreas schwieg. Ihm gingen die Gedanken aber sehr nach. So waren sie wohl an die zwei Stunden gegangen, als der Elch plötzlich aufstöhnte. Der Jäger sah, daß nun auch auf der anderen Seite ein Pfeil im Hals steckte.
»Laß nur«, flüsterte der Elch. »Es hat alles seinen Sinn. Helfen kannst du mir doch nicht mehr.«
»Das war wieder einer der heimtückischen Jäger«, meinte Andreas und stützte das schwankende Tier, dessen Schritte immer langsamer wurden.
»Wir müssen noch bis oben auf die Kuppe des Berges«, flüsterte der schwarze Elch.
»Das schaffen wir nicht mit deinen Wunden.«
»Wir werden es schaffen«, widersprach der Elch. Es wurde Abend, als sie endlich unter tausend Qualen oben auf dem Berge angelangt waren.
»Du hast deine Hütte mit mir geteilt«, begann der schwarze Elch mit verlöschender Stimme, »du hast mir Obhut gewährt, du hast mich vor den Jägern geschützt, du hast Futter für mich besorgt, du hast mir deine Freundschaft gewährt, du hast mich nicht getötet.«
Andreas konnte nichts sagen, so sehr bewegte ihn das Sterben des treuen Tieres.

»Hier oben auf dieser Kuppe vollendet sich mein Schicksal«, fuhr der Elch fort. »Du mußt mir eines versprechen: Wenn ich gestorben bin, drücke mir die Augen zu. Dann wende dich ab, sieh nicht wieder zurück, sondern geh deines Wegs und melde dem König, du habest den schwarzen Elch.«

Der Jäger umklammerte den Hals des Tieres, als wolle er das verrinnende Leben festhalten. Da ging ein Schlag durch den mächtigen Körper, ein dritter Pfeil, von feiger Hand geschossen, hatte das Herz getroffen. Der schwarze Elch brach in die Knie, schlug dann ganz auf die Erde, hob noch einmal die brechenden Augen und starb.

Andreas schluchzte auf, erinnerte sich dann seines Versprechens, drückte dem Tier die Augen zu, stand auf und ging fort, ohne sich umzusehen.

Bald lief die Kunde vom Tod des schwarzen Elchs durch das ganze Land. Der König ließ Andreas den Befehl zukommen, er möge sich unverzüglich bei Hofe einfinden, um die Belohnung in Empfang zu nehmen. Die Leute aber im Lande sprachen nur noch vom schwarzen Jäger, und man munkelte, dort oben auf der Kuppe des Berges sei es nicht mit rechten Dingen zugegangen.

Andreas kümmerte dies alles wenig, war sein Herz doch zu sehr voller Trauer um den verlorenen Freund. Dennoch begab er sich zum Königshof. Als er dort angekommen war, brachte man festliche Kleider, und der schwarze Jäger war alsbald Mittelpunkt des königlichen Festes. Fanfaren bliesen, Schalmeien luden zum Tanz, die Leute waren vergnügt, und allen schmeckte es nach Herzenslust. Nur Andreas stand abseits und schaute mit traurigem Blick ins Land.

Als es Nacht wurde und der Mond am Himmel hochstieg, sah der alte Stallknecht des Königs, wie sich die Gestalt des schwarzen Jägers, der am Baum lehnte, plötzlich veränderte und verwandelte, bis schließlich ein großer schwarzer Elch dort stand, wo eben noch Andreas seinen Gedanken nachgehorcht hatte. Den alten Knecht überkam ein Grausen, er wandte sich ab und verschwieg, was er gesehen hatte. Der Elch aber verschwand lautlos in der Tiefe des Waldes. Nie wieder hörte oder sah man etwas vom schwarzen Jäger oder gar vom schwarzen Elch.

Aber an der Kuppe jenes Berges steht eine schmucke Hütte. Viele Wanderer finden dort gutes Obdach, Essen und Trinken und sprechen gern mit dem freundlichen Wirt, der viele Geschichten zu erzählen weiß, vor allem über Elche, so als sei er selber einer gewesen. Seine Frau aber sitzt gern auf der Bank, kämmt das lange schwarze seidene Haar und spielt dann mit drei Pfeilen, deren Geheimnis sie niemandem verrät.

Wenn Winter ist, kommen die Elche und kauen das frische Heu, das stets für sie bereitliegt. Dann nimmt der Wirt seine Frau in den Arm, küßt sie und flüstert: »Am Ende der verlorenen Vergangenheit beginnt die Zukunft, wenn man sich liebt.«

Der König hat sie zu Elchhütern ernannt. Er hat gelächelt, als er ihnen die Hand gab.

FALKE UND FISCH

Ein Märchen von der Freiheit

Es war einmal ein Mann, der hatte zwei Söhne. Mag manch ein Märchen so beginnen; dieses muß so beginnen; denn ich kenne den Mann, der diese zwei Söhne hatte.
Die beiden Söhne waren zu stattlichen jungen Männern herangewachsen. Erlaubt mir, daß ich zuvor etwas von ihnen erzähle. Der ältere Sohn war wendig und gewandt. Er kletterte behende wie ein Bergbock, und fiel er, so fiel er geschickt wie eine Katze. Dieser Sohn träumte gern und liebte die Musik. An manchen Abenden sang er wunderschön zur Gitarre und erfand Töne, die so schön waren, daß die Mädchen große Ohren bekamen und weite Herzen. Dieser ältere Sohn kleidete sich gern gut, wenn das Dorf ein Fest feierte. Sonst aber hielt er nichts auf die Kleidung. In seinen jungen Jahren hatte er schon viel gelernt, wußte, wie man Tee zubereitet, kannte sich in der kleinen Welt der Kräuter und Gifte aus, beherrschte klug die Pferde und erzählte gern von seinen Reisen und Wanderungen. So war er herangewachsen in gezähmter Wildheit, und der Vater hatte versucht, ihn die Kunst zu leben zu lehren mit Sorgfalt und Strenge, aber aus Liebe und Fürsorge. Sie hatten oft und lange über die Geheimnisse des Lebens gesprochen. Und der Sohn hatte wohl gelernt, was es heißt, die Melodie des Seins zu vernehmen, wenn es ihm auch zuweilen schwerfiel, den Vater zu begreifen, wenn der mahnte, mahnte zu Besonnenheit und Ehrfurcht.
Der jüngere Sohn machte mit seinen blonden Haaren und blauen Augen den Mädchen des Dorfes viel Kummer; denn

sie bekamen große Augen und weite Herzen. Er war lang aufgeschossen, und die Muskeln seiner braungebrannten Arme spielten in der Sonne. Dieser Sohn übte gern seine Kräfte im Wettstreit. Dann stand ihm der Schweiß auf der Stirn. Und essen konnte er! Das war nicht einfach essen, das war schmausen, das war verschlingen und genießen, ein einziger Kuß an den Magen. Er hielt viel auf seine Kleidung und schmückte sich gern. Und wie sein älterer Bruder wußte er viel vom Geheimnis des Lebens, wollte wissen, wie das Gras auf die Dächer der Häuser kommt und wieviel Zeit es dauert, bis ein Becken voll Wasser ist, wenn die Tropfen einzeln fallen.

Beide Söhne konnten oft sehr zornig werden. Dann stieg ihnen das Blut in den Kopf, und hitzig bestanden sie darauf, daß nur ihre Meinung etwas gelte. Gerieten sie in ihrem Zorn aber aneinander, dann wurde bald ein Spiel daraus. Beide genossen aber gern die Gemütlichkeit im Hause und fanden sich wintertags am wärmenden Ofen ein, buken auch Brot oder tanzten wild auf dem Tisch.

Der Mann aber, der inzwischen einen grauen Bart bekommen hatte, sah mit Freude und mit Stolz auf seine beiden Söhne. Oft lag er abends wach im Bett und dachte darüber nach, welche Fehler er wohl gemacht haben könnte und was er seinen Söhnen schuldig geblieben war. Zuweilen auch weinte er ein wenig, weil er die Zeit kommen sah, wo die Söhne in die Welt gehen würden. So meinte er, ihnen immer noch mehr beibringen zu sollen, damit sie ja nicht irgendeines schlimmen Tages zu Knechten und Sklaven anderer Menschen würden. Nichts, was die beiden taten, schien ihm gut genug. Er wollte stolze und freie Männer aus ihnen machen, aber Männer, die ihrem Schöpfer dankbar blieben und Liebe übten gegenüber Mensch und Tier und Pflanze.

Die Söhne begriffen den Vater immer weniger. Er schien ihnen klobig, hart, unnachgiebig und zu selbstbewußt. Aber immerhin – sie beschlossen, gemeinsam eine große Reise zu machen, um zu prüfen, was das Abenteuer der Fremde ih-

nen brächte. So bezogen sie weit im Norden eine kleine Hütte, sammelten Holz für das Feuer, staunten abends in die rote Sonne, bauten einen Ofen, um Brot zu backen, tranken Tee und Schnaps, gerieten auch des öfteren aneinander, fanden aber immer wieder zurück zum gemeinsamen Leben.
Nun trug es sich aber zu, daß sie eines Tages in das alte Boot stiegen, um den großen See zu erforschen. Der Mann saß mit dem jüngeren Sohn auf der hinteren Bank, während der ältere ruderte. Er zog die Riemen kräftig durch, und der alte Kahn stöhnte auf unter der Kraft des jungen Mannes. Kleine Bugwellen klatschten an das Holz. Der Vater wies mit der Hand nach oben. Hoch über ihnen kreiste ein Falke in der Luft. Der Wind, der sich in diesen Augenblicken aufmachte, wurde stärker und wuchs zum Sturm. Das kleine Boot schwankte und schaukelte bedenklich. Da rief der ältere Sohn: »Vater, solch ein Falke möchte ich sein! Frei! Endlich frei. Was für ein Gefühl muß es sein, sich auf den Wind zu legen und davonzusegeln.«
Kaum hatte er das gesagt, war die Ruderbank leer. Oben aber in der Luft kreisten nun zwei Falken in kühnen Schwüngen. Der Vater stöhnte auf, und der jüngere Bruder weinte, setzte sich aber auf die Ruderbank und bemühte sich, das Boot in Fahrt und Richtung zu halten.
»Wir waren drei!« sagte der Mann traurig.
»Dein Bruder hatte nicht begriffen, daß ich ihm längst die Ruderbank überlassen hatte. Und ich hatte nicht begriffen, daß dies für ihn keine Freiheit war. Rudere weiter, mein Sohn, rudere weiter! Nun hast du den Platz!«
Der jüngere Sohn mühte sich nach Leibeskräften, so gut er es vermochte, und die Adern traten ihm hervor, da das Wetter steifer wurde und der Vater zusammengesunken saß, wie teilnahmslos. ›Bedeute ich ihm nicht soviel wie mein Bruder?‹ dachte der jüngere. Da aber schlug der Mann die Augen hoch und sagte: »Ihr wart mir immer gleich lieb. So wie in ein Gesicht zwei Augen gehören, gehörtet ihr immer zu

mir. Und heimlich hatte ich gedacht, daß ihr in meinem Alter das würdet, was ich dann nicht mehr bin: meine Stimme, wenn ich nicht mehr sprechen kann; meine Füße, wenn ich nicht mehr laufen kann; meine Hände, wenn ich nichts mehr halten kann.«

Aber der jüngere Sohn begriff nicht, was der Vater damit sagen wollte, sah zur Seite, sah einen Fisch durch das Wasser schnellen und rief sehnsüchtig aus: »Vater, wie ein Fisch möchte ich sein! So frei und so stark, so schnell und so schön.«

Kaum hatte er das gesagt, war die Ruderbank leer, und dem Mann schien es, als sei da ein großer schneller Fisch an ihm vorüber aus dem Wasser gesprungen, um dann sofort wieder in den Fluten zu verschwinden. Der Vater stöhnte auf, quälte sich zur Ruderbank und mühte sich, das Boot in Fahrt und Richtung zu halten. Nun war er allein, allein wie schon früher, allein mit dem Boot, mit dem Sturm, mit dem Wasser und – mit der Angst. ›Was habe ich nur falsch gemacht‹, dachte er.

Es dauerte lange, bis der Mann im Kampf mit dem Sturm schließlich an Land kam. Dort vertäute er sorgfältig den Kahn, schlug den Kragen hoch und ging mit schweren Schritten zurück zu seiner Hütte.

Der Sturm legte sich, und der müde bärtige Mann blieb stehen, um nach Luft zu ringen. Nun, da er beide Söhne verloren glaubte, hatte das Leben keinen Sinn mehr. Als er so grübelte, gewahrte er an einem Baum eine Frau, die ihn heranwinkte. Als er vor ihr stand, gewahrte er zu seiner Überraschung an ihrer Seite ein junges Mädchen mit langen hellen Haaren.

»Was bedrückt dich?« fragte die Frau unvermittelt.

»Ich habe meine Söhne verloren.«

»Wie konnte das kommen?«

»Der eine wurde zum Falken und der andere zum Fisch; denn sie suchten die Freiheit, und ihre Sehnsucht wurde so groß, daß sie verzaubert wurden.«

Da hob sich die Frau auf die Fußspitzen und küßte den traurigen Mann leise. In diesem Augenblick ertönte ein harter Schuß, und blutend stürzte eine Falke vor die Füße des Mannes. Behutsam nahm der Mann das leidende Tier in die Hand und ging mit ihm zum großen Wasser, um die Wunde zu waschen. Dort sah er einen großen Fisch am Ufer liegen, der einen langen furchtbaren Haken im Maul hatte. Der Haken hatte ihm die Kiemen fast zerfetzt. Da nahm der Mann auch den Fisch, der sich kaum noch bewegte, trat vor die Frau hin und fragte, was nun zu tun sei. Sie aber sah ihn nur lange an, bis er dem Falken endlich die Wunde wusch und die Kugel aus dem Fleisch schnitt; und dem Fisch den Haken aus dem Maul wand.

In der Hütte schließlich pflegte der Mann die beiden Tiere, den Fisch in einem großen Bottich und den Falken auf der Truhe unter dem Fenster. Als beide wieder gesund waren, klopfte es an der Tür, und die Frau mit dem Mädchen stand vor der Hütte. »Wenn du deine Söhne liebst«, sagte sie, »dann gib sie frei. Den Falken in die Luft und den Fisch in das Wasser. Denn das sind ihre Elemente.«

Der Mann tat, wie ihm die Frau geraten hatte. Augenblicklich aber verwandelten sich Falke und Fisch, und vor ihm standen seine beiden Söhne, stattlich und stark, gesund und voller Freude, fielen ihm um den Hals und dankten ihm für die Befreiung aus der vermeintlichen Freiheit.

Da ging der Mann zu der Frau, küßte sie leise und dankte ihr. Noch am selben Tag begannen sie, zwei neue Boote zu bauen, und bald staunten die Leute über die beiden jungen Männer, die wie kein anderer Richtung und Fahrt halten konnten.

DIE HEXE VON MURTLEROCK

Ein Märchen vom falschen Zauber

Hexen, so sagen die Leute, sind geheimnisumwitterte Frauen, die am Rande des Dorfes wohnen, dicht am Wald, rote Haare und einen Buckel haben. Und zaubern müssen sie können. Hexen, so sagen die Leute, sind alte Weiber, die mitten im Wald leben und aus Giftpilzen Suppe kochen.
Die Hexe von Murtlerock wohnte nicht am Wald und auch nicht im Wald, sie wohnte dicht an einem Felsen der Steilküste, und niemand wußte, womit sie ihr Leben fristete. Ärmlich konnte es bei ihr nicht zugehen; denn ihr Häuschen war schmuck, bekam in jedem Frühjahr einen frischen Anstrich, und auch die Frau war schön anzusehen. Nicht einmal eine krumme Nase hatte sie. Dennoch sprachen die Leute nur von der Hexe von Murtlerock; denn Murtlerock hieß jener sagenumwobene Felsen. Wohl tausend Geschichten erzählte man sich von Schiffen, die gestrandet waren, weil ein falsches Leuchtfeuer auf Murtlerock sie in die Irre geleitet hatte. Im letzten Jahr war es damit weniger gewesen. So ergab es sich, daß die Leute des kleinen Dorfes die Hexe von Murtlerock dafür zuständig machten, daß Kühe starben und viele Kinder eine böse Krankheit hatten. Selbst der Pastor konnte sich den Gerüchten nicht ganz verschließen, wenngleich er immer wieder betonte, es gäbe ja gar keine Zauberei.
Im Sommer waren zwei Feriengäste angekommen, ein junger Lehrer mit seiner Frau. Sie wollten Seevögel beobachten, wie sie sagten, und fragten die Bäckersfrau um Quartier. Aber die Leute von Murtlerock wollten keine Gäste, und so sagte die Frau nur knapp, das Paar solle getrost zum

Felsen hinaufgehen, dort wohne eine allseits beliebte Person, die gewiß gern ein Zimmer vermieten würde.
Die Lehrersleute kamen nach einer kleinen Weile an das Haus der Hexe, klopften mehrmals, bis ihnen aufgetan wurde. Freundlich fragte die Hexe die beiden Gäste nach ihrem Wunsch und bat sie herein, nachdem sie gehört hatte, was die beiden gerne wollten. Schnell wurde der Kamin angemacht, bald schon stand ein kräftiges Abendbrot auf dem Tisch, und die drei unterhielten sich in gemütlicher Runde über das Meer und das Land, über die Vögel und die Blumen, kurzum über alles, was der Lehrer und seine Frau gern wissen wollten.
Die Nacht brach herein, und die Hexe von Murtlerock entzündete die alte Petroleumlampe. Die Hexe erzählte immer fröhlicher von ihrer Kindheit und von allem, was sie bei ihrer Mutter gelernt hatte. Die Lehrersfrau erkundigte sich artig nach Rezepten und war hocherfreut, als ihre freundliche Wirtin anbot, nun gemeinsam ein Getränk zu brauen, das sie bislang noch niemandem verraten habe. Mit leisem Kichern kramte sie in der untersten Schublade der wurmstichigen Kommode, bis sie schließlich einige Fläschchen in Händen hielt, die sie neben das offene Herdfeuer stellte.
Die beiden Gäste schauten ihr mit wachen Augen zu. Als die Hexe dann Wasser und Rum, Zucker und rohe Eier in einen Topf gab, den sie über das flackernde Feuer hängte, roch es bald auch nach Zimt und Anis; denn so etwas mußte wohl in den kleinen Flaschen sein, aus denen die Frau winzige Prisen nahm und unter Rühren und leisem Singen in den brodelnden Topf gab.
»Was ist das, was Sie da zaubern?« fragte die Lehrersfrau.
»Ja, das ist mein Zauber«, erwiderte die Hexe. »Das verrate ich niemandem. Aber ihr werdet es bald zu spüren bekommen, meine Lieben, bald schon, bald schon, bald schon!«
Die Lehrersfrau konnte sich eines kleinen Grauens nicht erwehren. Und auch der Lehrer zog jetzt heftiger an seiner Shagpfeife, weil ihm unheimlich wurde. Dazu kam, daß in

der Stube ringsum an den Wänden ausgestopfte Tiere standen und hingen, wobei es den Anschein hatte, als glühten deren Augen.
Schließlich war die Hexe fertig, nahm den Topf vom Haken, goß dessen Inhalt in eine Karaffe und kam zu ihren Gästen, deren Gläser sie nun füllte, wobei sie sich selber ausnahm.
Auf die erstaunte Frage des Lehrers, warum sie sich selber ausnehme, lächelte die Hexe nur, sang etwas vor sich hin und forderte die beiden auf, nun den ersten Schluck zu probieren. Fast wie im Bann griffen die zwei zu ihren Gläsern, rochen kurz daran, und der Duft stieg ihnen in die Nase, setzten das Glas an die Lippen und tranken vorsichtig, aber immer begieriger; denn das Gebräu schmeckte. Mit lustigen Augen schaute die Hexe ihnen zu. Als sie dann das zweite Glas anbot, sagten beide gern ja, und so tranken sie, bis ihnen die Augen zufielen.
Unten im Dorf hatte die Nachricht schon die Runde gemacht, daß die Hexe Besuch habe, man aber bis zu diesem Augenblick von diesem Besuch weder etwas zu sehen noch zu hören bekommen hatte. Das beunruhigte die Leute, und so beschlossen sie, mit ihren Fackeln zur Steilküste hinaufzusteigen, um nachzusehen, was geschehen sei. Bald schon zogen sie hinauf, und die Fackeln zitterten im Wind. Es war ein langer, mühseliger Weg. Manch einer machte heimlich kehrt, und andere sagten, sie hätten zu Haus vergessen, das Fenster zu schließen. Alle hatten Angst. Der Pastor hatte überdies das große Holzkreuz aus der Kirche mitgenommen. Man konnte ja nie wissen. Vielleicht war doch etwas dran am Aberglauben der Alten.
Als sie endlich oben am Felsen angekommen waren, war der Wind stärker geworden und pfiff ihnen nur so um die Ohren. Im Haus der Hexe brannte Licht. Der Totengräber erklärte sich bereit, durch das Fenster zu sehen, wenn die anderen nur dicht hinter ihm blieben. Eben so für alle Fälle. Langsam, ganz langsam schlich der Totengräber auf das geheimnisvolle Haus zu. Die anderen Leute folgten ihm geduckt.

Da riß ein greller Blitz die schwarze Wolkenwand auf, und der Donner grollte, daß es den Menschen nur so in die Glieder fuhr.

Der Totengräber, der plötzlich Mut bekommen hatte, winkte die anderen zu sich. Die Fackeln leuchteten gespenstisch durch die Nacht, aus dem Haus der Hexe quoll dichter Qualm, und der Pastor hatte sich vorsichtshalber an das Ende des Zuges gesetzt. Schließlich durfte seine Herde im Ernstfall nicht ohne ihren Hirten bleiben. Da begann eine Frau zu kreischen, und im selben Augenblick war da ein Heulen und Schreien, ein Zetern und Pfeifen, eine wahre Höllenmusik, die nur noch vom Getöse der hochklatschenden Wellen und von Sturm und Donner übertönt wurde.

Da stand der Totengräber endlich vor dem erleuchteten Fenster. Was er sah, ließ ihn erstarren: Der Lehrer und seine Frau lagen in ihren Sesseln mit geschlossenen Augen, während die Hexe mit erhobenem Glas am Herdfeuer tanzte. Da hielt es den Totengräber nicht mehr, er wandte sich um, rief den anderen knapp zu, was er gesehen hatte, und rannte, was er konnte, den glatten Berg hinab. Aus dem Schornstein des Hexenhauses schlugen Funken, und die Leute machten nun, daß sie davonkamen.

Aber sie kamen nur ein Stück weit. Inzwischen hatte das Meer eine Sturmflut geboren, und das steigende Wasser umgab längst den Felsen auch in das Landinnere hinein, wo es im kleinen Dorf bis über die Türen hochgestiegen war. So gab es keinen Rückweg. Zwischen den Blitzen sah man draußen aus dem Wasser zuweilen das schwache Blinken einer Schiffslaterne. Vom Haus der Hexe hingegen kamen Lichtsignale, die regelmäßig aufleuchteten, so als wollte sie dem Schiff da draußen eine bestimmte Richtung anweisen.

Jetzt packte die Dorfleute das kalte Grauen. Vor dem steigenden Wasser konnten sie nur zum Haus auf Murtlerock hin ausweichen. In ihrer Todesangst traten sie den Weg dorthin an. Näher und näher kamen sie dem geheimnisvollen

Anwesen. Da gab es einen fürchterlichen Krach, vor dem sogar der starke Sturm verstummte. Jetzt mußte das Schiff gestrandet sein. Da sahen sie die Hexe mit einer Sturmlaterne auf dem Felsen stehen. Hatte sie doch eine krumme Nase? Leuchtete da nicht doch das rote Haar? Schritt um Schritt krochen die Leute höher; denn das Wasser um sie herum stieg bedrohlich. Der Pastor hielt das Kreuz hoch, als wolle er alles Böse dieser Welt abwehren.

Als sie oben angekommen waren, schrie die Hexe: »Willkommen, meine Lieben! Willkommen! Nur herein mit euch. Ich habe lange auf diesen Augenblick gewartet.«

Da schoben sie sich hinein in die warme Stube, die nun angefüllt war von diesen ängstlichen verblendeten Menschen, die meinten, ihre letzte Stunde habe geschlagen.

Das Lehrerehepaar war wieder aus seinem Punschrausch erwacht und bediente nun die unerwarteten Gäste mit dem stärkenden Getränk. Nach und nach verlor sich die Spannung, man sprach die ersten Sätze miteinander, man begann zu lachen und vergaß darüber ganz, daß draußen ein Wetter tobte, wie es Murtlerock noch nie erlebt hatte.

»Welche Signale habt ihr gegeben?« fragte der Totengräber.

»Bei Sturm sage ich den Schiffen da draußen, daß es hier Klippen gibt.«

»Und warum stranden dann doch so viele?« fragte ein Bauer.

»Weil mein Feuer zu schwach ist. Und – weil es jemanden im Dorf gibt, der falsche Signale zeigt.«

»Wer sollte das sein?« fragte der Bauer.

»Du selber bist es«, antwortete die Hexe. Da wollte der Bauer fliehen, aber starke Fäuste packten ihn. Er wurde geschnürt und später den Behörden übergeben.

Jene Nacht aber auf Murtlerock brachte eine große Überraschung. Die Lehrersleute erzählten von der Freundlichkeit der Hexe. Die Dorfbewohner mußten sich beschämt eingestehen, daß sie in ihrer Dummheit und in ihrem Hochmut gar nicht hatten wissen wollen, wer diese fremde Frau sei, die da vor einigen Jahren das einsame Haus auf Murtlerock bezogen hatte. Ihr Vater war Kapitän gewesen und in solch einer fürchterlichen Nacht umgekommen, weil er sich auf falsche Signale verlassen hatte.

Seither gibt es nun ein richtiges Leuchtfeuer auf Murtlerock. Und wenn es leuchtet, sprechen die Menschen immer noch von den roten Haaren der Hexe, obwohl sie seit damals wissen ...

Na ja! schloß der alte Fischer seine Geschichte, damals wußten sie es vielleicht. Aber heute? An diesem Abend konnten die Kinder lange nicht einschlafen. Sie starrten aus dem Fenster hinaus, hinauf zum Felsen.

DER TEUFEL MIT DEN SIEBEN MASKEN

Ein Märchen vom Sinn

Das Mädchen wohnte im dunklen Stadtteil. Der Vater saß seit langem im Gefängnis. Die Mutter bemühte sich, ihre Kinder durch Gelegenheitsarbeit zu ernähren. Das Mädchen spürte, welche Sorgen die Mutter hatte. Darüber sprach es mit dem alten Drehorgelspieler. Sie nannten ihn Vater Georg.

»Vater Georg«, sagte das Mädchen eines Tages, »kennst du die Straße zum Leben?«

Der Alte sog an seiner Pfeife, drehte seine geliebte Orgel mit der Walze von den lustigen Tirolern und antwortete erst, als er bei einbrechender Dunkelheit Feierabend machte: »Weißt du, kleines Mädchen, die Straße zum Leben läuft rund um diese Erde, ist schwer zu finden, man kann sich oft verirren. Du mußt einfach losgehen. Du wirst sie finden, irgendwann und irgendwo. Ich bin selber noch unterwegs, und mein Weg ist nicht dein Weg. Jeder hat seinen Weg. Geh, Mädchen!«

»Habt Dank, Vater Georg«, sagte das Mädchen, drehte sich um, huschte ins Haus zurück und ging in das Zimmer, wo die Geschwister schon fest schliefen. Mit Sorgfalt und Eile packte es ein paar Sachen in ein Tuch, wand es geschickt zusammen, machte einen Knoten, sah noch einmal mit einer kleinen, fast hilflosen Gebärde zurück, öffnete lautlos die Tür, schloß sie hinter sich, sprang die dunkle Treppe hinunter und war dann im Nebel auf der Straße. In dieser Nacht ging sie, solange sie Kraft hatte. Dann setzte sich Nora unter einen Baum, öffnete den Beutel, aß ein paar Bissen vom Brot, legte sich nieder und schlief vor Erschöpfung ein.

Das hatte der Teufel gesehen, rieb sich die schmutzigen Hände, ging zu seiner Schwester, die am alten Meiler wohnte, und sagte: »Verwandle mich in einen schönen jungen Mann!«

Die Alte tat es widerwillig; denn so liederlich ihr Leben auch sein mochte, sie ahnte, daß ihr Bruder wieder einmal eine Gemeinheit an einem jungen Geschöpf vorhatte. Das konnte sie nicht leiden. Dennoch mischte sie den Trank, weil sie den Zorn des Teufels fürchtete, wenn sie nicht tat, was er gebot.

Als Nora aufwachte, stand ein schöner junger Mann vor ihr. »Wohin des Wegs, schönes Mädchen?« fragte der Teufel und legte allen Charme in die Stimme, tat bescheiden und hilfsbereit und gewann so auf der Stelle das Herz des armen unerfahrenen Mädchens. Er führte sie in ein Gasthaus, sagte dem Wirt, sie seien Schwester und Bruder und führte sie auf das gemeinsame Zimmer. Nora war an dem jungen Mann nur aufgefallen, daß er leicht hinkte. Doch sie gab nichts darauf, fühlte sie sich doch geborgen und geliebt. Das war ein gutes Gefühl.

Dem Wirt aber war aufgefallen, daß der junge Mann einen Geruch an sich hatte, der ihm fremd war. »Das geht nicht mit rechten Dingen zu«, sagte er zu seiner Frau. »Der hat den Teufel im Leib«, sagte diese nur. »Am besten, wir holen den Schmied, der ist stark.«

Während sich der Wirt auf den Weg machte, führte der Teufel oben im Zimmer Nora vor einen großen Spiegel, flüsterte ihr heiß ins Ohr, sie sei eine bezaubernde junge Frau und preßte ihr dabei die Hände auf die Brüste. Sie war fast ohnmächtig, als er ihr das Mieder aufschnürte und mit den Händen unter das Hemd fuhr. »Nein, nein!« hauchte Nora, »so nicht!« Aber sie war ihm längst verfallen und ließ ihn gewähren, als er sie völlig entkleidete und zum Bett trug. Mehr nahm sie nicht wahr. Ihre Besinnungslosigkeit war so tief,

daß sie erst wieder erwachte, als sie die lauten Stimmen von Wirt und Schmied hörte.
»Das Fenster steht offen«, sagte der Schmied. »Da ist der Bursche hinaus, als er uns hörte.«
»Ich wußte von Anfang an, daß es kein sauberer Kerl war«, sagte der Wirt. Seine Frau kam herein, nahm Nora in den Arm, schickte die beiden Männer hinaus, half dem Mädchen beim Anziehen, redete ihm gut zu und gab ihm schließlich zum Abschied reichlich Wegzehrung mit. Nora hielt alles für einen Traum und ging viele Tage, bis sie an eine fremde Stadt kam. So etwas hatte sie noch nicht gesehen. Da waren die herrlichsten Auslagen, Kleider, Gold und Silber, Ketten und Armreife, Ringe und Diademe.
Als der Teufel von weitem das Mädchen so stehen sah, ging er wieder zu seiner Schwester und sagte: »Verwandle mich in einen vornehmen Herrn!« Die Alte tat's, wenn sie auch diesmal wieder wußte, daß er eine Gemeinheit im Schilde führte.
Alsbald stand ein vornehmer Herr neben Nora, die immer noch in die glitzernden Auslagen vertieft war. Freundlich fragte der Herr, ob sie ihm einen Augenblick lang die Tasche halten würde und auf ihn warten, bis er aus dem Laden wieder herauskäme. Gern willigte das Mädchen ein, denn dies war eine willkommene Abwechslung und Ablenkung. Der Teufel hinkte in das Geschäft. Der Goldschmied fragte ihn, womit er dienen könne. Da bat ihn der Teufel, zwei Barren Gold aus dem Keller zu holen; denn er wolle eine große Reise machen und all sein Geld in Gold mitnehmen. Der Goldschmied freute sich über das gute Geschäft, bat einen Augenblick um Geduld und ging fort. Dies nutzte der Teufel, um die herrlichen Auslagen auszuräumen, ging mit den Schätzen eilig hinaus, tat sie in die Tasche, die das Mädchen hielt, und überließ ihr alles. So gingen sie zusammen durch die große Stadt. Niemand achtete auf sie, und Nora war glücklich über den großen Reichtum. Sie wußte ja nichts von dem großen Unrecht, das der Teufel angerichtet hatte.

Inzwischen hatte der Goldschmied den Verlust bemerkt, Alarm geschlagen, und die Stadt wimmelte von Polizisten. Man entdeckte den Teufel und das Mädchen bald. Doch in dem Augenblick, wo man sie verhaften wollte, war der Teufel verschwunden. Ein seltsamer Geruch war geblieben. Nora mußte einige Tage bei den freundlichen Polizisten auf der Wache bleiben, konnte dann aber weitergehen, weil niemand ihr den Diebstahl zutraute. Aber sie war nun gezeichnet; denn man hatte es ihr in den Paß geschrieben.

So ging sie weiter auf der Suche nach der Straße, die zum Leben führt, und mußte oft an Vater Georg denken, der gesagt hatte, man könne sich auch oft verirren. Schließlich kam sie auf einen großen Markt. Viele Künstler waren versammelt und führten ihre gewagten Sprünge, Zaubereien und Überraschungen vor. Nora sah ihnen gern zu. Als der Teufel sie so gewahrte, ging er wieder zu seiner Schwester und befahl ihr, ihn in einen Clown zu verwandeln.

Als Nora vor den Trapezkünstlern staunend stand, sprach sie plötzlich ein freundlicher kleiner Clown an, wie es denn wäre, wenn er sie berühmt mache und sie hoch oben in der Kuppel schwänge, frei wie ein Vogel flöge und von den vielen Leuten bewundert und beklatscht würde. Das Mädchen war begeistert; denn der Clown war so nett zu ihr, wenngleich ihr auffiel, daß auch er leicht hinkte.

Ehe sie sich's versah, trug sie ein buntes knappes Kostüm und stand hoch oben in der Kuppel über den Köpfen der Schaulustigen auf dem schmalen Brett. Unten stand der kleine Clown, machte eckige Bewegungen und rief ihr zu, indem er die Hände zu einem Trichter formte: »Spring, Nora, spring!« Da sprang das Mädchen und schlug schwer auf im Sand der Manege. Hilfreiche Hände hoben sie auf, und als man sich umsah nach dem Clown, der das Unglück angestiftet hatte, war dieser verschwunden. Aber an der Stelle, wo er gestanden hatte, roch es nach Schwefel und faulen Eiern.

Lange Monate mußte Nora von den freundlichen Zirkusleuten gepflegt werden. Später machte sie sich aus Dankbarkeit nützlich, wo immer sie nur konnte. Dann aber nahm sie Abschied und zog weiter. Mitten in den Bergen kam sie an ein kleines Kirchlein, blieb stehen und freute sich über die kleine Glocke.
»Verwandle mich in einen Mönch!« schrie der Teufel seine Schwester an. »Mach schnell! Schnell! Schneller! Ich kann es nicht mehr abwarten.«
Die Alte tat's, und augenblicklich stand neben Nora ein gütiger älterer Mönch mit einer braunen Kutte und weiten Schuhen, von denen einer anders geformt war. »Liebes Mädchen«, begann der Mönch freundlich! »Die Glocke ruft zur Messe. Komm herein!«
Nora erschrak; denn sie meinte, diese Stimme schon einmal gehört zu haben. Tatsächlich hatte diesmal die Schwester des Teufels ihm die Stimme des jungen Mannes gegeben. Sie wollte, daß Nora ihn endlich erkenne. Doch das Mädchen dachte, diese Ähnlichkeit sei nur zufällig, dankte dem Mönch daher artig für die Einladung und folgte ihm in die Kirche. In seiner Andacht merkte es auch gar nicht, daß der Mönch das Tabernakel aufbrach, weil er ja keinen Schlüssel besaß. Dann nahm er die geweihten Hostien heraus, spuckte auf sie, wie es der Teufel ja immer tut, griff in die Tasche der weiten Kutte, nahm etwas höllisches Gift und bestreute die Oblaten. Das aber hatte der Engel dieser Kirche gesehen. Er hatte den Teufel leider nicht hindern können, weil er selber zu sehr damit beschäftigt war, auf die Frau achtzugeben, die auf dem benachbarten Friedhof ihren verstorbenen Mann beweinte.
Jetzt aber schwang sich der Engel zum Altar und fuhr dem Teufel ins Nasenloch, daß er niesen mußte. Diesen Augenblick nutzte der Engel, um den göttlichen Segen auf die Hostie zu tun. Danach reichte der Mönch dem Mädchen die Oblate, wonach Nora in einen tiefen Schlaf verfiel. Der Engel hatte auf diese Weise Schlimmeres verhüten können.

Darüber ärgerte sich der Teufel so sehr, daß er durch den Kirchturm in die Hölle fuhr, wohin er ja auch gehört.
Nach einiger Zeit geriet Nora ans große Meer und stand und träumte über das Wasser. »Verwandle mich auf der Stelle in einen Kapitän!« brüllte der Teufel seine Schwester an, denn er wollte das Mädchen auf der anderen Seite des Ozeans günstig verkaufen. Die Alte tat's wieder einmal, fürchtete sie doch wie immer den Zorn des Bruders.
Als Nora am Meer stand und die vielen Schiffe im Hafen bestaunte, stand plötzlich ein breitschultriger Kapitän an ihrer Seite und sagte mit tiefer Stimme: »Fahr mit, kleines Mädchen! Fahr mit! Sollst es gut haben bei uns auf dem Schiff, und drüben in der neuen Welt will ich dafür sorgen, daß du zu Reichtum und Ansehen kommst.«
Nora bemerkte, daß der Kapitän leicht hinkte, und überrascht war sie, daß er anstelle eines Gürtels eine Kordel trug, wie der Mönch sie getragen hatte. Sie konnte nicht wissen, daß des Teufels Schwester dem Mädchen auf diese Weise einen Wink hatte geben wollen.
Nora gab nichts weiter drauf. Da sie am Ende ihrer Kraft und Mittel war, nahm sie das Angebot des Kapitäns gern an, wußte sie nun doch auch, daß sie schwanger war, was von jener Nacht kam, als der Teufel ihr das Mieder aufschnürte. Bald sollte das Kind zur Welt kommen. So wurde es hohe Zeit, eine Heimat zu finden.
Das Teufelsschiff aber geriet in einen fürchterlichen Sturm und zerbrach. Nora hielt sich an einem Rettungsring in der kalten See, bis sie von fremden Matrosen herausgefischt wurde und wenig später ein totes Kind gebar. Als der Teufel dies sah, wurde er so zornig, daß er seine Schwester verprügelte.
Aber Nora kam heil und guter Dinge in der Heimat an; denn ihre Retter waren unterwegs nach Haus. Nun suchte das Mädchen den Weg in die Stadt. Ein Bauer hielt mit dem Wagen und fragte, ob er Nora eine Strecke mitnehmen solle. Sie stieg zu ihm auf und plauderte munter von all ihren Er-

lebnissen und bitteren Erfahrungen. Der Bauer hörte ihr geduldig zu.
Das sah der Teufel von weitem, prügelte auf seine Schwester ein und schrie: »Verwandle mich in eine alte Frau!« Die Alte tat's.
Als Nora kurz vor der großen Stadt vom Wagen des Bauern stieg und sich bedankte, sah sie an der Wegkreuzung eine alte Frau, die sie bittend ansah. »Kannst du mir helfen?« flüsterte die Frau. »Kannst du mir helfen? Dann will ich dir die Künste des Heilens zeigen.«
Nora zögerte; denn es war wieder der seltsame Geruch, und als die alte Frau sich erhob, hinkte sie auch. Erschrocken aber zog Nora ihre Hand zurück, als sie am Händedruck spürte, daß sich ihr eine Männerhand entgegengestreckt hatte.
Nora wußte sich keinen Reim darauf zu machen. Dabei hatte des Teufels Schwester sich soviel Mühe gegeben, das Zeichen diesmal deutlicher ausfallen zu lassen. So begleitete Nora die alte Frau, indem sie ihr den schweren Koffer trug. Sie kamen am Stadtrand an eine finstere Spelunke, in der wilde Burschen saßen, die sich tätowieren ließen und dabei tranken, als wollten sie ihre schwarzen Seelen ersäufen.
Nora bekam es mit der Angst. Aber die Alte winkte sie so freundlich heran und bedeutete ihr, sie solle nur getrost nähertreten; dieses Lokal wolle sie Nora vererben, wenn diese sie bis zu ihrem Tode pflegen wolle.
Da roch es wieder nach Schwefel. Ein junger Arbeiter hatte die letzten Worte der Alten gehört und rief laut: »Das müßte doch mit dem Teufel zugehen, du altes Schandmaul, wenn du je dein Wort halten würdest! Schmarotzer wie du sterben nie!«
Er hatte viel getrunken und ahnte nicht, wie wahr seine Worte waren. Dann lachte er laut und lachte und lachte. Die andern lachten mit, schallend lachten sie, sie lachten über den Teufel. Da der Teufel aber nichts schlechter ertragen kann, als daß man über ihn lacht, kreischte die Alte häß-

lich auf und war verschwunden. Nur da, wo sie gestanden hatte, war ein Loch im Fußboden, und es hatte die Form eines Pferdefußes.

»Frau Wirtin, ein Bier!« schrie da jemand. Nora begriff erst nicht, daß sie gemeint war. Dann aber ging sie zur Theke, zapfte das Bier, bediente den Mann, und so tat sie es bald wie selbstverständlich, richtete sich fest ein, wurde weit bekannt als freundlicher Mensch und staunte sehr, als sie eines Tages Drehorgelmusik vor der Tür hörte. Sie stürzte hinaus und erkannte Vater Georg. Nachdem sie ihre Wiedersehensfreude tüchtig gefeiert hatten, erzählte Vater Georg, daß Noras Mutter inzwischen gestorben sei, daß alle Geschwister aber auf einem guten Weg wären und sich redlich ihren Lebensunterhalt verdienten.

An diesem Abend betrat der junge Arbeiter zu später Stunde Noras Lokal. Er hatte einen kleinen Blumenstrauß in der Hand, fingerte verlegen an seinem Rockaufschlag herum, faßte sich schließlich ein Herz und fragte Nora, ob sie ihn heiraten wolle.

Das hörte und sah der Teufel, und der Zorn stieg ihm zu Kopf. Er riß seiner Schwester die Haare aus und zwang sie, ihn in einen Drehorgelspieler zu verwandeln. Unter höllischen Schmerzen tat die Alte, was ihr befohlen war.

In dem Augenblick, als Nora auf die Frage des jungen Mannes mit einem glücklichen Ja antwortete und sich von ihm in den Arm nehmen ließ, ertönte draußen eine Drehorgel. Sie gingen vor die Tür und erschraken: Dort stand Vater Georg. Doch nein, der stand ja neben ihnen. Diesmal war der Schwester des Teufels das Zeichen gelungen. Nora schrie auf, ihr fiel es wie Schuppen von den Augen, jetzt sah sie auch den Pferdefuß, jetzt roch sie wieder den Schwefel, jetzt wurde ihr klar, wer ihr alles angetan hatte. Da warf sie sich in die Arme des geliebten Mannes und schluchzte, aber es war ein befreiendes, glückliches Weinen.

Als der Teufel das sah, brüllte er vor Wut und Enttäuschung auf; denn der Teufel kann denen nichts anhaben, die sich

lieben. Er fuhr zurück in die Hölle, schlug seine Schwester auf der Stelle tot und ward nie wieder gesehen in diesem Stadtteil.
Nach der Hochzeitsfeier in der Kirche spielte Vater Georg mit seiner Drehorgel zum Tanz auf und flüsterte Nora ins Ohr: Du hast deinen Weg gefunden.

DER BÄR IM GLAS

Ein Märchen vom Staunen

Ich nannte ihn Bambus, jenen kleinen weißen Bären, der mich auf meinen Reisen begleitete, während er sonst zu Haus auf dem Schreibtischrand saß. Doch mit diesem Bären hatte es seine besondere Bewandtnis. Er stammte aus dem kleinen schwedischen Dorf Maleras, aus einer Glashütte, wo ihn Mats Jonasson zur Welt gebracht hatte. Mats ist Graveur und hatte den kleinen Bären in ein Glas eingeschliffen. Auf diese Weise hatte das schöne Glas auf seiner Rückseite eine Vertiefung bekommen. Da war der Bär sozusagen hohl. Stellte man die kleine durchsichtige Halbkugel auf eine ebene Fläche, dann war es, als sei der Bär gerade hineingekrochen und sehe seinen Betrachter aus lustigen verschmitzten Augen an. Wir beide haben uns oft so angesehen, und dann war es mir, als kniffe Bambus zuweilen das linke Auge zu. Sein gemütliches Mäulchen bekam dann Falten, und die Härchen an den Ohren schienen sich zu bewegen. Es kam auch vor, daß er unbeweglich blieb. Ich brauchte lange, um zu begreifen, daß es immer die Stunden waren, in denen meine Gedanken abschweiften. Normalerweise aber sahen wir uns gern an, und ich hätte viel darum gegeben, wenn Bambus auch hätte sprechen können. Doch ein Glasbär kann eben nicht reden, und ich mußte ja schon froh sein, daß seine Augen so lebendig waren. Meine Besucher beneideten mich oft um das kostbare Stück und ahnten dabei nicht, daß der Bär im Glas jenes Geheimnis in sich trug. Ich verriet es auch niemandem, wollte mich auch nicht der Gefahr aussetzen, von meinen Gästen verspottet zu werden.

Nun machte ich wieder einmal Urlaub in meinem geliebten Norwegen. In der kleinen Hütte flackerte der Kamin, die Pfeife schmeckte, das Brennholz knackte, der Tee duftete, die Schreibmaschine klapperte, und vor mir stand Bambus und blitzte mich aus seinen schmalen Augen an, als wollte er sagen: Du wirst schon dein blaues Wunder erleben. Die Nacht senkte sich herab, die winzige Hüttenmaus Karoline – so hatte ich sie getauft – saß aufmerksam auf der Anrichte, wie sie es jeden Abend tat, weil sie längst wußte, daß sie dazugehörte zu Bambus und mir. Das Wasser des großen Fjords schlug mit sanftem Geräusch an Felsen und Boot, und ich spürte, wie mich das wohlige Empfinden umgab, daß diese Welt nicht so schlecht ist, wie man oft meint. Ich unterbrach das Schreiben, stand auf, legte ein Holzscheit nach, ging wieder zurück zum Tisch, schob mir den Stuhl zurecht und – erstarrte: Bambus war fort! Wirklich! Bambus war fort! Da stand nur noch das gläserne Etwas vor mir auf dem Tisch, ein paar Schleifzacken waren zu erkennen, aber der Bär war heraus! Ich setzte meine Brille auf. Es blieb dabei. Der kleine Bär war verschwunden. Ratlos blickte ich in der Hütte umher. Karoline war noch da, also konnte nichts Weltbewegendes geschehen sein. Ein Erdbeben hätte ich auch gespürt. Außerdem kennt Norwegen keine Erdbeben. Ich war ziemlich durcheinander. Unwillkürlich prüfte ich meinen Puls. Aber es war alles in Ordnung. Krank war ich nicht. Und Karoline war ja auch kein Gespenst. Ratlos lief ich auf und ab. Immer wieder nahm ich das Glas in die Hand und untersuchte es nach allen Regeln der Kunst, ob ich mich nicht getäuscht hatte. Doch es blieb dabei: Bambus war verschwunden. Jetzt überfiel mich eine unendliche Traurigkeit. Eine Traurigkeit, die sich wie ein schwarzes Tuch über meine Seele legte. Der Leser mag lächeln und so etwas für übertrieben halten, mir sogar vorwerfen, daß ich wohl keinen Sinn habe für die eigentlichen und viel größeren Probleme dieser Welt. Doch muß ich gestehen, daß der Verlust des Bären durchaus im Zusammenhang mit den großen

Problemen steht; denn in meinen heimlichen Zwiesprachen mit ihm hatte ich stets gemerkt, wie wichtig die Träume sind und die Märchen und der ganze Zauber der Fantasie. Das hatte mir immer bei den großen Problemen geholfen, wohl wissend, daß in einem gläsernen Bären keine Lösungen stecken. Drum lächle nur, lieber Leser, aber gewähre mir die Freiheit, von dieser Traurigkeit zu berichten.
An jenem Abend fand ich keine Ruhe, bis mir schließlich die Augen vor Erschöpfung zufielen. Anderntags beschloß ich, den Bären zu suchen. Davon soll nun die Rede sein, und wer will, komme nun mit auf die Reise in das Märchen vom verlorenen Bären im Glas.
Als ich in Hjerkinn ankam, war ich müde von der weiten Fahrt von Lillehammer durch das romantische Gudbrandstal. Jetzt war ich in der freundlichen Hütte, trank einen Aquavit und wollte mich nach dem reichlichen Abendessen zu Bett legen. Aber das helle Licht ließ mich nicht einschlafen. So zog ich mich wieder an, ging leise nach draußen und stand bald zwischen Moos, Felsen und Heidekraut. Kalt war es, und weit unten rauschte Wasser. Ich fröstelte, zog den Schal enger und warf einen Blick zum Himmel. Über den Bergkuppen schimmerte es zart-golden und rötlich. Weiter hinauf kroch erste Dunkelheit, und ganz oben, direkt über mir, strahlten und funkelten die Sterne. Mir klopfte das Herz im Hals; denn da sah ich ihn, den Kleinen Bären, meinen kleinen Bären, wie er all seine gläserne Pracht entfaltete und im Konzert der himmlischen Lichtorgel seinen Part übernahm. Wunderbar, dachte ich. Einfach wunderbar! Da gehörst du also hin, mein Kleiner. Gut, daß ich dich gefunden habe. Aber du bist so weit weg. Viel zu weit. Und es ist kalt hier. Da war es mir, als zögen mich lange Lichtarme von der Erde fort, und in unglaublicher Schnelligkeit überwand ich Zeit und Raum, überwand die Anziehungskraft der Erde und alle Fernen und Weiten des Universums.
Als ich zu mir kam, lag ich in den Armen meines Kleinen Bären, der mich festhielt und mich wieder so verschmitzt

ansah, wie er es sonst stets getan hatte. »Ich habe deine Welt kennengelernt«, schnaufte er, »jetzt will ich dir meine zeigen.«

Zuerst stellte er mich dem Mann im Mond vor. Ihn hatte ich mir ganz anders vorgestellt, längst nicht so dünn, aber er erklärte mir, daß nur ein dünner Mann es auf dem Mond aushalten könne, weil der Mond ja immer wieder abnähme, und dann müsse er sehr aufpassen, nicht ins All zu fallen.

Vom Mann im Mond nahmen wir den Großen Wagen und fuhren zu den Plejaden. Die kamen mir unheimlich albern vor, weil sie ständig in Bewegung waren und einen Lichttanz vorführten, daß einem ganz blümerant vor Augen wurde. Wir verabschiedeten uns schnell.

Weit vor dem Orion machten wir halt. »Man weiß nie«, meinte der Kleine Bär, »auf welchen seiner sieben Lichterburgen man aufsetzen darf. Wir müssen auf das Signal warten.«

Und richtig, nach etwa drei Lichtjahren kam eine Sternschnuppe, die uns den Weg zeigte. Wir setzten bei der linken Lichtburg der mittleren Reihe auf und betraten den Sommerpalast des Orion. Ich habe so etwas in meinem Leben nicht gesehen. Wunder reihten sich an Wunder. Da gab es feinen glitzernden Staub, riesige Platinfelsen und ganz kleine Schnuppen, die noch nicht fertig waren für die große Reise durch das All. Dieser Schnuppengarten hatte es mir am meisten angetan, und ich konnte mich kaum von den wunderlichen Gebilden losreißen, als mein Kleiner Bär schon wieder zum Aufbruch drängte. Der Orion funkelte uns zum Abschied an, und wir setzten über zur Kassiopeia. »Benimm dich ordentlich!« sagte der Bär. »Die alte Dame ist empfindlich und kann grundsätzlich Menschen nicht leiden.«

Der Empfang war dann auch kühl, aber nach und nach wurde die rundliche Alte freundlicher und gab uns obendrein noch einen Plan für die Milchstraße, die mein Kleiner Bär auch nicht so gut kannte.

In rasender Fahrt passierten wir Millionen von Sonnen.

›Warum die auf der Erde nur von Milchstraße reden‹, dachte ich bei mir. ›Nichts von Milch, alles ist ein Netz von Spiralnebeln, Wunderwerken von Lichtkränzen, tanzenden Monden und vielfarbigen Planeten.‹

»Da staunst du, was?« meinte der Kleine Bär. »Als ich bei dir im Zimmer stand, habe ich immer miterlebt, mit welchen seltsamen Problemen ihr euch abplagt. Winzige, kleine, kleinkarierte Probleme und Konflikte. Wegen solcher Winzigkeiten führt ihr Menschen sogar Kriege, bringt euch um, foltert euch gegenseitig oder macht euch das Leben schwer.«

Ich mußte ihm recht geben, als ich diese einzigartige unvergleichliche Pracht des Universums sah. Keine Prachtstraße der Welt verdient diesen Namen, wenn ich an die Milchstraße denke. Schwindlig wurde mir bei der Vorstellung, daß die ganze Milchstraße ja nur so etwas wie ein Feldweg im Himmel ist. Mehr so etwas für Fußgänger, wenn der Mann im Mond einmal spazierengehen will.

Wir mußten uns nun beeilen; denn die Nacht ging vorüber. Der Kleine Bär bedeutete dem Kutscher Mizar auf dem Großen Wagen, die Geschwindigkeit zu erhöhen. Dann waren wir am vorletzten Ziel, wir standen vor Mars, dem großen, kalten, kühlen Stern. Mich schauderte. Aber Mars beugte sich freundlich herunter und schenkte mir sogar ein Lächeln, das ich vorsichtig in die Tasche steckte, dorthin, wo schon ein Sprößling aus dem Schnuppengarten lag.

Als wir bei anbrechendem Morgenlicht bei der Venus hielten, verschlug es mir die Sprache. Hier hatte der Schöpfer alle Schönheit seiner Gedanken versammelt. Ich dachte, wie gut er daran getan hatte, diese Schönheit so weit weg von den Menschen anzusiedeln. Venus weinte gerade, als wir ankamen; sie weinte über die Bosheit der Menschen. Ich nahm eine ihrer Tränen, die in meiner Hand zu Glas wurde, dankte ihr für alle Erkenntnis und fuhr nun zusammen mit dem Kleinen Bären in überhöhter Lichtgeschwindigkeit zurück zum angestammten Platz.

»Siehst du, mein Freund, das wollte ich dir zeigen«, brummte der Kleine Bär, hielt mir zum Abschied die firmamentene Tatze hin und war verschwunden, als die Sonne das All bestrahlte.
Nun stand ich wieder vor der Hütte in Hjerkinn, ging ergriffen ins Haus, frühstückte mit Genuß und war glücklich über meine Erlebnisse.
Für die Rückfahrt zum großen Fjord ließ ich mir nun Zeit. Ich überquerte wunderschöne Hochebenen, saß oft am Wasser, fuhr durch wilde Täler und Schluchten und spähte nachts oft aus dem Fenster, um den Kleinen Bären zu sehen. Aber ich sah ihn nicht mehr. Zum Glück besaß ich ja noch das Lächeln des Mars, die kleine Schnuppe aus dem Schnuppengarten des Orion und die Träne der Venus, die zu Glas geworden war.
Viele Tage später kam ich wieder in meiner Hütte an, öffnete die Tür, machte Feuer im Kamin, begrüßte Karoline, setzte mich an den Tisch, um mit der Schreibmaschine all meine Erlebnisse und Erkenntnisse aufzuschreiben, sah auf das kleine Glas und – erstarrte: Da saß er wieder, mein Kleiner Bär, Bambus, kniff das linke Auge zu, verzog das Mäulchen und lächelte.
Nun will ich an Mats Jonasson schreiben und ihm sagen, daß solches Glas, in dem Bären lächeln können, aus den Tränen der Venus stammt. Ich muß es ja wissen. Wirklich, ich muß es wissen.

DIE TREUE KATHRIN

Ein Märchen von Wunder und Rätsel

Kathrin war armer Leute Kind. Ihr Haus stand hoch über den Dünen dicht am Meer. Trotz der Armut wuchs Kathrin unbeschwert auf und erlebte ihre Eltern stets freundlich und gerecht. Schmalhans war oft genug Küchenmeister. Aber selbst dann wußten Mutter und Vater durch ihren tiefen Glauben, durch ihren Humor und ihre Zärtlichkeit mit der schwierigen Lage fertig zu werden.

Da die Eltern aber wünschten, Kathrin solle es später einmal besser und leichter haben als sie, schickten sie sie unter großen Opfern nach der Konfirmation aufs Festland, wo sie bei einer entfernten Tante wohnen konnte. Das Kostgeld sollte im voraus bezahlt werden. Neben ihrer täglichen Arbeit wusch die Mutter deshalb noch zusätzlich fremder Leute Wäsche und handarbeitete viel, was bei ihren geschickten Händen immer mal einen Batzen Geld eintrug. Der Vater arbeitete beim Straßenbau und übernahm darüber hinaus noch Gelegenheitsaufträge, indem er Gärten in Ordnung brachte oder wichtige Botengänge erledigte.

Auf diese Weise konnten die Eltern auch das Geld für Kathrins Schulbücher aufbringen. Das Mädchen war ihre ganze Hoffnung, und es sollte ihm an nichts fehlen. Zu sehr hatten die Eltern am eigenen Leibe erfahren, was Not und Armut bedeuten.

Kathrin lebte sich schnell in ihrer neuen Umgebung ein. Sie gewann gute Freunde, war bei den Lehrern beliebt und schrieb oft eine kleine Karte an die geliebten Eltern, denen sie all dies Gute und Neue verdankte. Sie wurde auch oft eingeladen und mußte der Tante dann stets versprechen, sich ja zu benehmen; denn schließlich fiele ja alles auf sie zurück und ihren guten Namen. Während der Schulzeit konnte Kathrin nur zweimal nach Hause fahren. In den Ferien war sie immer auf der Insel. Dann gab es ein überschwengliches Wiedersehen mit Karl dem Großen. So hatte sie die Bernhardinermischung getauft. Der Hund hing an Kathrin und gab seiner Freude jedesmal dadurch Ausdruck, daß er an ihr hochsprang, sie zu Boden warf, um ihr das Gesicht besser ablecken zu können.

Die Jahre gingen ins Land, und für Kathrin näherte sich der Schulabschluß. Kurz vor Jahresende bekamen sie einen neuen Lehrer. Der neue Lehrer war noch sehr jung, trug eine starke Brille, schlecht gebügelte Hosen, machte oft eine schüchterne Handbewegung und war bald das Gespött der ganzen Klasse. Nur bei Kathrin war das anders. Sie spürte insgeheim, daß sie von diesem Menschen mehr lernen konnte, als man gemeinhin von Lehrern lernt. Herr Rasmussen verfügte über eine besonders feine Art, vom Leben zu sprechen, und er hatte auch eine eigene Art, mit den Dingen umzugehen. Las er ein Gedicht, dann war es, als verneige er sich leicht, um seine Ehrfurcht vor dem Dichter anzudeuten. Erzählte er vor der Klasse von Erdteilen und Menschen, dann fuhr sein Finger fast liebevoll über den Globus, als wolle er es nicht wagen, die ganze große Welt auf einmal in die Hand zu nehmen. Las er aus der Bibel, bekam seine Stimme einen singenden Klang, und es schien, als würde jener hilflose steife Mann zu dem berühmten David, der seine Psalmen sang. Unterrichtete Herr Rasmussen in Englisch, dann war es, als ob er Anlauf nehme. Jedenfalls – das spürte Kathrin – war dieser Lehrer etwas Besonderes, und genau dies Besondere war es, das ihn zum Gespött der Klasse werden ließ.

Alle diese Eigenschaften waren für Kathrin etwas beglükkend Neues. Mit allen Fasern ihres Lebens fühlte sie sich zu Jens Rasmussen hingezogen, was der Klasse nicht lange verborgen blieb und ihr die übelsten Scherze eintrug. Zuerst ärgerte sie sich über die Dummheit der anderen, dann wurde aus dem Ärger Trotz, schließlich gab sie unumwunden zu, daß sie den neuen Lehrer von Herzen mochte und sich dessen überhaupt nicht schäme. Dies wurde alsbald der Tante hinterbracht, die nun aus Argwohn dem Mädchen die nachmittäglichen Spaziergänge in die kleine Stadt untersagte.

Kurz vor der Abschlußprüfung machten sie einen Klassenausflug zum nahegelegenen Leuchtturm. Jens Rasmussen hatte sich viel einfallen lassen, um seinen ersten Schülern Freude zu machen und vielleicht doch einen Weg aus der verfahrenen Situation zu finden. Doch die Klasse war wie von Sinnen, gebärdete sich immer ungehöriger, einige der jungen Männer zogen Schnapsflaschen aus der Tasche und tranken immer zügelloser, und die Mädchen machten unverhohlen anzügliche Bemerkungen.

Jens Rasmussen hielt es nicht länger mehr aus. Verzweifelt stellte er sich mit ausgebreiteten Armen auf, holte einmal tief Luft, nestelte an der Brille und sagte flüsternd: »Ihr Dämonen!«

Mehr sagte er nicht. Für ihn war es auch sehr viel. Nie im Leben hatte er bislang einen Menschen beschimpft. Auch diesmal ja nicht. Es war mehr Verachtung, Hilflosigkeit, Ohnmacht, Traurigkeit und Enttäuschung. Alles hatte er in dieses eine Wort gelegt: Dämonen. Dann drehte er sich um und ging schnell davon. Das hatte niemand erwartet.

Kathrin überlegte nun nichts mehr, warf den anderen einen triumphierenden Blick zu und rannte hinter dem Lehrer her. Am alten Schafstall holte sie ihn ein. Keuchend machte sie halt.

»Warum sind Sie fortgelaufen?« fragte sie atemlos.

»Quamvis sint sub aqua, sub aqua maledicere temptant«, antwortete der Lehrer. »Wie die Frösche, Kathrin, selbst wenn sie unter Wasser sind, versuchen sie zu quaken.«

»Die andern sind schlimm«, sagte Kathrin, »aber sie sind nicht böse.«

»Vielleicht sind sie nicht böse«, warf der Lehrer leise ein, »aber sie lassen sich vom Bösen fangen und treiben. Es ist schon viel dran an dem, was der lateinische Dichter sagt.«

»Ach, hören Sie auf mit Ihren lateinischen Dichtern!« Kathrin war jetzt rot im Gesicht vor Zorn. »Sie verstecken sich ja nur hinter all dem gelehrten Zeug! All das Schöne benutzen Sie als Maske. Dadurch verliert Ihr Gesicht, und das Schöne verliert seinen Glanz.«

Da sah der Lehrer, daß vor ihm eine junge Frau stand. Dies versetzte ihn in einen Zustand restloser Hilflosigkeit. Alles Bisherige, alles Erlernte, alles Gutgemeinte zerfiel in Sekunden. Nichts blieb von Systemen und Formeln, Namen und Kategorien, nichts blieb von Gesetzen und Prämissen. Alles war plötzlich Leben, aufregendes, mitreißendes ungestümes Leben.

Kathrin mußte die Veränderung bei Jens Rasmussen gewittert und geahnt haben, wie man etwa den Duft einer Speise schon von weitem wahrnimmt. Nur so läßt sich verstehen, daß sie ihm ihre Arme um den Hals warf und flüsterte: »Du lieber, lieber Mensch!«

Das war vor Jahren geschehen, nicht mehr und nicht weniger. Mehr hatten sie nicht gesagt. Sie hatten sich nicht geküßt, sie hatten sich nichts versprochen. Beide hatten nur gewußt. Das Leben hatte sie miteinander versprochen.

Kathrin machte ihre Prüfung. Jens Rasmussen wurde an eine andere Schule versetzt. Sie hatten noch voneinander Abschied genommen. Der Lehrer hatte nur gefragt: »Wartest du auf mich?« In der Frage hatte soviel Bitte gelegen, ja soviel Flehen!

Kathrin hatte neben der Schule eifrig Klavierunterricht genommen, machte nun noch eine Sonderprüfung und ging wieder auf die Insel zurück zu ihren Eltern. Ihnen hatte sie längst erzählt, was in ihr geschehen war. Die Mutter hatte gelächelt, und der Vater hatte sie in den Arm genommen und gesagt: »Vergiß nie, für die Wunder zu danken, die du erlebst.«

Kurze Zeit später kam eine knappe Karte: ›Du lieber, lieber Mensch! Ich muß für ein paar Monate nach Afrika. Meine Schwester liegt schwerkrank in der Missionsstation. Denk an den Schafstall. Zünde eine Kerze an. In Liebe, Dein Quamvis!‹

So hatte sie ihn seit jenem wilden Gespräch genannt, als er lateinisch sprach, ohne das Leben zu verstehen. Später kam noch ein Brief, aber danach erhielt Kathrin kein Lebenszeichen mehr. Dennoch stellte Kathrin an jedem Abend eine Kerze in das Fenster, und die Leute auf der Insel wußten, daß dieses Gedenkzeichen eine einzige treue Liebeserklärung war. Mutter und Vater hatten der Tochter immer wieder geraten, sich an den Gedanken zu gewöhnen, Herr Rasmussen sei entweder gestorben, oder sie sei ihm aus dem Herzen und aus dem Sinn gekommen, was ja auch etwas ganz Natürliches sein könne.

Kathrin hatte dazu stets geschwiegen. An solchen Tagen hatte sie dann die Karte vorgenommen und wieder gelesen: In Liebe, Dein Quamvis. Diese Vergewisserung genügte ihr. Sie tat ihre Arbeit gern und fleißig, brachte im Laufe der Jahre Hunderten von Kindern das Klavierspielen bei, führte Feriengäste durch den Zauber der Insel und war wintertags obendrein Gemeindeschwester und Hebamme, Postbotin und Seelsorgerin in einer Person.

Schlimm war das Jahr, als Mutter und Vater kurz hintereinander an einer bösen Infektion starben. In der langen Zeit ihrer Einsamkeit lernte Kathrin immer stärker die Bedeutung der Musik kennen, begann auch mit dem Malen, machte zwischendurch größere Reisen, lernte dazu und berichtete auch anderwärts über das, was sie tat. Auf der Insel hieß sie nur ›die treue Kathrin‹; denn sie stellte noch immer abends eine Kerze ins Fenster, um den geliebten Mann zu erwarten, dem sie sich versprochen hatte.

Kathrin wurde alt, mußte nun einen Stock zu Hilfe nehmen,

wenn sie – fast 90jährig – den kurzen Weg zur Poststation machte, um nachzufragen, ob endlich Nachricht eingegangen sei. Seit 68 Jahren fragte sie immer wieder. Der Schalterbeamte, den es inzwischen gab, hätte ja einfach den Kopf schütteln können. Aber er wußte durch Erzählungen, was es mit Fräulein Kathrin auf sich hatte. Deshalb sprach er auch immer mit ihr, und sie bedankte sich höflich, ging langsam heimwärts, und bald schon konnte man Klavierklänge hören, nicht mehr so lebendig wie früher, wohl aber inniger, verhaltener und erfüllter.

Am Vorabend ihres achtundachtzigsten Geburtstages stellte Kathrin wieder eine Kerze ins Fenster, um auf Quamvis zu warten, dessen Karte sie immer noch lesen konnte. Dann lehnte sie sich zurück und ließ ihre alten Augen und jungen Gedanken über das Meer schweifen. Dabei geriet sie zurück an jenen Augenblick, als sie Jens Rasmussen die Arme um den Hals warf und sagte: Du lieber Mensch.

Vom Meer her kam plötzlich ein heller Schein, der immer stärker wurde, so daß Kathrin die Augen schloß. Dann klopfte es an die Tür. »Herein«, flüsterte Kathrin.

»Quamvis sint sub aqua sub aqua maledicere temptant!« Das klang wie Musik. Quamvis war gekommen, und er war jung und sehr schön. Er hielt ein großes Paket im Arm. Darin waren alle Briefe verschnürt, die Kathrin ihm geschrieben hatte.

»Willst du mich heiraten?« fragte Jens.

»Wie kannst du fragen«, antwortete Kathrin mit geschlossenen Augen und streckte ihm die alte schmale Hand hin.

Als der junge Lehrer ihre Hand ergriff, verwandelte sich die Frau in ein junges Mädchen und folgte ihm auf dem Weg zum Meer. Sie gingen langsam, so als müßten sie jede Sekunde fangen und halten. Sie gingen dem hellen Schein nach, immer weiter, immer tiefer in die Erfüllung. Über Kathrins Gesicht lag ein besonderer Glanz. Sie schmiegte sich eng an den geliebten Mann. Als sie ein Stück Wegs gegangen waren, erblickte Kathrin das kleine Boot. Sie waren am Ziel. Endlich.

Als die Nachbarn am Morgen des Geburtstags der treuen Kathrin gratulieren wollten, sahen sie die verloschene Kerze im Fenster. Kathrins Lehnstuhl aber war leer.

DER SCHLANGENKÖNIG

Ein Märchen von der Wahrheit

Es waren herrliche, bunte, aufregende Ferien auf dem Hof bei Großvater Otte Matsen in Gammelby. Jan und Iris hatten viel zu sehen bekommen. Am schönsten aber wurde es, wenn Großvater Otte abends in seinem Lehnstuhl saß und Geschichten erzählte.

Als ich jung war, begann er eines seiner vielen Märchen, als ich jung war, besuchte ich zum Wochenende meinen Onkel Juan Kurkonen, der auf einer kleinen Insel in Mittelfinnland einen Fischereibetrieb hatte. Meine Schwester war auch mitgekommen. Da der Onkel an diesem bewußten Wochenende nach seinen Reusen und Jungfischgewässern sehen wollte, nahm er uns mit, was wir natürlich wunderbar fanden, weil es mit Onkel Kurkonen immer etwas Aufregendes zu erleben gab.

Hier unterbrach Großvater Otte seine Erzählung, stopfte die Pfeife nach, aber wir merkten, daß er nur prüfen wollte, ob wir auch gehörig gespannt waren.

Ja, Kinder, fuhr er fort, heute erscheint es mir selber fast unglaublich, was sich damals zutrug. Nach etwa zweistündiger Fahrt waren wir am See angekommen, und Onkel Kurkonen sagte uns, er müsse eben noch bei seinem Nachbarn hereinschauen, weil er ihm Angelschnur aus der Stadt mitgebracht habe. Wir sollten in der Zeit die Sonne genießen, auf das Boot achtgeben und eben warten, bis er zurückkäme.

Nach einer kleinen Weile wurde uns das Warten zu langweilig, und wir beschlossen, wenigstens ein Stückchen in den

Wald zu gehen, um uns die Zeit zu vertreiben. Der Wald wurde schnell dichter. Auf dem Boden zwischen den hohen Kiefern wuchsen Heidelbeeren, wie wir sie blauer, dicker und leuchtender noch nie gesehen hatten. Meine Schwester hockte sich nieder, pflückte eifrig die Beeren und aß nach Herzenslust, als sie plötzlich aufschrie und wie gebannt in ihrer Bewegung erstarrte. Aus einiger Entfernung rief ich und fragte, was geschehen sei, bekam aber keine Antwort. Voll schlimmer Ahnung lief ich durch die Blaubeeren auf sie zu und fragte noch mal: »Märtii, was hast du?« Aber auch diesmal antwortete sie nicht. Ich sah nur, wie ihr Gesicht in einer Mischung aus Angst, Entsetzen und Hilfeschrei zu einer Maske geworden war, die nichts mehr von dem an sich hatte, was ich an meiner Schwester sonst kannte. Da trat ich noch näher, sah genauer hin und entdeckte sie: die große schwarze Schlange! Sie mochte gewiß gut einen Meter lang sein. Mit einem Teil ihres Hinterleibes steckte sie noch im Erdloch unter dem Stein. Sie mochte vielleicht zwei Männerdaumen stark sein. Ich wußte viel von Schlangen, da Onkel Kurkonen uns immer wieder von ihnen erzählt hatte. Ich wußte auch, wie sie aussahen, und hatte auch gelernt, daß es bei uns im Land keine gefährlichen Schlangen gab. Manche Blindschleiche hatte ich durch meine Hände gleiten lassen, und manche Kreuzotter hatte ich mit der Schlinge gefangen, um sie zu betrachten und dann wieder entwischen zu lassen. Angst hatte ich nie gekannt. Aber bei dieser Schlange war es etwas anderes. Sie war so lang, schwarz, glänzend und ringelte sich in trägen Bewegungen, aber zielsicher, auf Märtii zu.

»Beweg dich ja nicht!« flüsterte ich meiner Schwester zu. Doch das hätte ich gar nicht zu sagen brauchen. Märtii war nicht fähig, auch nur die kleinste Bewegung zu machen. Ich überlegte blitzschnell, was zu tun sei, drehte mich langsam um, ging ein paar Schritte zurück, bückte mich nach einer Zweiggabel, brach sie, so leise wie möglich, an den Enden gleichmäßig ab, prüfte ihre Festigkeit und ging dann wieder

in Richtung auf die große Schlange zurück. Ich hatte das oft gesehen, wie die Männer eine Schlange mit einer Zweiggabel fest an den Boden drückten, um sie dann am Schwanzende zu packen und in einen Sack zu stecken.
Einen Sack hatte ich nicht. Aber wenigstens wollte ich Märtii von ihrer Angst befreien, indem ich das gefährliche Tier in den Griff bekam. Daher machte ich mich nun klein, spannte alle meine Muskeln, zählte leise bis drei, sprang und stieß zu, indem ich die Gabel dicht hinter dem Kopf des Tieres fest in den Boden drückte, zu fest, wie ich sofort spürte, denn sie zerbrach und die schwarze Schlange wand sich unter den Hölzern frei. Ich hatte den Eindruck, als sähe sie mich verwundert und vorwurfsvoll an. Dann zuckte sie wie ein dunkler Schatten auf mich zu, ich spürte noch den leisen Schmerz an meiner Hand, bevor die Welt mir vor den Augen verschwamm und ich fast ohnmächtig Märtii schreien hörte: »Otte, was ist?!«
Von da ab, so berichtete mir Märtii später, sei ich immer kleiner geworden, so klein, daß ich schließlich der Schlange in das Erdloch folgen konnte. Märtii hatte dem Onkel schnell Bescheid gesagt. Viele Männer gruben nach mir. Aber niemand fand mich.
Ich war inzwischen aus meiner Ohnmacht erwacht, spürte keinen Schmerz mehr, staunte nur, daß ich mich in einer großen unterirdischen Höhle wiederfand. Ich war so klein geworden, daß ich es nicht fertigbrachte, jenen Kiefernzapfen anzuheben, der irgendwann einmal mit dem Regenwasser unter die Erde geschwemmt sein mochte.
Ich sah auf und gewahrte vor mir, auf einer glänzenden Steinplatte liegend, die große schwarze Schlange. Jetzt kam sie mir vor wie ein Riesenreptil aus grauer Vorzeit, und mir rieselte ein Schauer über den Rücken, wenn ich bedachte, welcher Gefahr ich nun ausgesetzt war.
Die große Schlange hob den Kopf, sah mich aus gläsernen Augen an, nicht unfreundlich, wie ich meinte, schnalzte mit der gespaltenen Zunge, und augenblicklich war ich von vie-

len, vielen kleineren Schlangen umgeben. An den Wänden der Höhle hingen Wassertropfen, irgendwo tiefer unter mir hämmerte etwas unaufhörlich, und um mich herum tänzelten die vielen Schlangen, als sei es ein Tanz vor ihrem König. Und richtig: Auf dem Kopf des Tieres und tiefer herunter den ganzen Rücken entlang sah ich silberne Kronen, wunderschön anzusehen.

»Ja, ich bin der Schlangenkönig«, hörte ich das Tier sagen. »Du hättest mich beinahe getötet. Deshalb habe ich dir das Gift eingespritzt, das dich verwandelt hat. Du sollst lernen, was noch kein Mensch gelernt hat. Aber iß erst einmal.«

Im Handumdrehen wurde mir aufgetischt, wenn man das so sagen kann. Ich aß mit Heißhunger, trank vom frischen Erdwasser und fühlte mich bald wohl und erholt.

Jetzt richtete sich der Schlangenkönig auf, gebot mit einer gebieterischen Bewegung Ruhe und sagte: »Weißt du, Menschlein, in eurem heiligen Buch steht irgendwo auf den ersten Seiten etwas über eine Schlange. Angeblich hat sie den ersten Menschen ein verlockendes Angebot gemacht, unterscheiden zu können zwischen Gut und Böse, um sein zu können wie Gott.«

Hier hielt der Schlangenkönig inne. Ich verhielt mich still. Ich kannte wohl jene Geschichte, aber ich wußte nichts mit ihr anzufangen. So schloß ich die Augen und wartete ab, wie es wohl weitergehen sollte.

»Seit jener Zeit«, fuhr der Schlangenkönig fort, »gibt es einen unversöhnlichen Haß der Menschen gegen uns Schlangen. Es ist ein Haß, der wohl mehr auf der Angst beruht, die Wahrheit könne ans Licht kommen.«

Ich hielt meine Augen immer noch geschlossen, weil ich spürte, das Tier müsse wohl recht haben; denn auch ich war ja stets vor Schlangen gewarnt worden und hatte sie getötet oder auch nur gefangen, wo immer ich nur konnte.

»Ich weiß, was du jetzt denkst«, begann der Schlangenkönig wieder. »Doch du hast keine Schuld. Schuld haben jene Menschen, die am Anfang der Geschichte ihrem Schöpfer

nicht gehorchen wollten. Wir Tiere haben ihm immer Gehorsam geleistet. Wir leben, wie er es will. Wir tun, was er uns eingab. Wir bewegen uns, wie er es uns eingedacht hat.«

Nach diesen Worten öffnete ich die Augen und sah, wie der Schlangenkönig weinte. Sein langer schwarzer Leib zuckte vor Erregung, und seine Tränen sammelten sich in einer Höhlung der Steinplatte. Der König fuhr nun ruhig fort: »Menschlein, du wirst es noch erleben, wie die Angst vor der Wahrheit deine Welt zerstört.«

»Was ist denn die Wahrheit?« Ich hatte zu dieser Frage all meinen Mut gebraucht.

»Menschlein, der erste Schritt zur Wahrheit besteht schon darin, die Wahrheit wissen zu wollen. Du sollst sie wissen. Als am Anfang der Welt der Schöpfer den Menschen gebot, die Erde wie einen Garten zu pflegen, wurde er von ihnen hintergangen. Sie meinten, ohne ihn auszukommen, und wollten die Welt in die eigene Hand nehmen. Dabei wurden sie ertappt und redeten sich dadurch heraus, daß sie den Versprechungen einer Schlange erlegen seien. Doch der Schöpfer durchschaute sie und wies sie aus dem Paradies. Aber wie gesagt: Seither hegen die Menschen einen unversöhnlichen Haß gegen uns, weil sie Angst haben.«

Ich war ergriffen von der Rede des Schlangenkönigs. Ich hatte auch keine Furcht mehr. Ich spürte, daß er Klage führte, aber nicht aus Rache, sondern aus Traurigkeit. Darum ging ich die wenigen Schritte bis zu ihm, hob meine rechte Hand und streichelte ihn. Unter den anderen Schlangen erhob sich unwilliges Gezische. Aber der Schlangenkönig ließ mich gewähren.

Die Bewegung unter den Schlangen hörte auf, und der Schlangenkönig genoß offenbar, daß ein kleiner Mensch sich ihm zuwandte und damit die alte Geschichte überwand. In diesem Augenblick erscholl Musik, und die Schlangen tanzten vor ihrem König, so schön, so elegant,

daß ich nur staunen konnte. Man forderte mich auf, das Fest mitzufeiern, was ich gern tat.
Plötzlich brach die Musik ab, hoch aufgerichtet züngelte der Schlangenkönig; denn zwei junge Diener hatten eine tote Schlange hereingetragen. Alle wandten sich dem traurigen Bild zu. Mit zerfetztem Leib lag das schöne Tier da.
»Was ist geschehen?« zischte der König. »Was ist geschehen?«
Ihm wurde berichtet, daß die Schlange von Menschen gejagt und getötet wurde. Man hatte auch gehört, wie sie sagten, man solle diesen Ausbund der Hölle vernichten.
Wortlos verabschiedete mich der Schlangenkönig, und ich wurde höflich nach draußen geleitet. Ich spürte wieder den leisen Schmerz und erwachte, als ich die Stimmen von Märtii und Onkel Kurkonen hörte, die sich Sorgen gemacht hatten wegen des Schlangenbisses.
Jan und Iris hatten der Geschichte von Großvater Otte atemlos zugehört. Aber sie wußten nicht, was sie davon denken sollten. War das nun ein Märchen? Sie gingen an diesem Abend sehr still zu Bett.

DER ESEL UND DER LIEBE GOTT

Ein Märchen über Weihnachten

Vor vielen hundert Jahren lebte in der großen Stadt Rom der berühmte Kaiser Augustus. Der hatte ein riesiges Reich. Eines Tages kam er auf den Gedanken, alle seine Untertanen zählen zu lassen. Er brauchte nämlich Geld, und dazu mußte er wissen, wieviel Menschen in seinem Reich lebten. Jeder sollte in seine Heimat gehen, also dahin, wo er geboren war.

Da packte auch Joseph, der Zimmermann aus Nazareth, seine Sachen, sattelte den Esel und hob seine Frau Maria hinauf. Maria erwartete ein Kind. Die Geburt stand kurz bevor. Dann zogen sie los Richtung Bethlehem, und der Esel ging ganz vorsichtig und weich; denn Maria sollte es gut haben auf seinem Rücken. Aber der Weg war lang und schwer.

»Du, Joseph!« sagte der Esel ganz leise. »Ich kann bald nicht mehr. Der Weg ist so lang. Die Steine sind so hart. Ist es noch weit? Können wir nicht mal ausruhen?« »Versteh doch, gutes Tier«, erwiderte Joseph freundlich, »versteh doch, wir müssen in Bethlehem sein, bevor das Kind zur Welt kommt.«

Dann flüsterte ihm Joseph noch in das linke lange graue Eselsohr, wie lieb er die Maria habe und wie wichtig das kleine Kindchen sei, das nun ganz bald geboren würde. Da sang der Esel vor lauter Freude ein richtig schönes I-Ah und trottete unverdrossen seinen Weg weiter mit der kostbaren Last auf seinem Rücken.

Als sie endlich in Bethlehem angekommen waren, merkten sie, daß alle Straßen mächtig voll von Menschen waren, kaum daß man durchkommen konnte. Aber der kluge Esel, der ja längst wußte, daß er den lieben Gott auf seinem Rücken trug, stupste die fremden Menschen behutsam an den Po. So bekamen sie Platz, weil sie es ja eilig hatten.
Die Dämmerung war hereingebrochen, und wieder stand der prächtige, glänzende, wunderbare Stern am Himmel, der ihnen all die Tage hindurch den Weg gewiesen hatte.
»Noch ein paar Schritte«, sagte Joseph leise, »dann haben wir es geschafft.«
Doch überall, wo sie anklopften, hieß es gleich: »Bedaure, wir haben keinen Platz mehr. Es ist alles überfüllt. Bitte, versteht uns. Wir würden ja gern helfen. Aber es geht wirklich nicht.«
Joseph sagte nichts dazu. Er war inzwischen müde. Aber der Esel sagte laut: »Das ist eine Unverschämtheit! Das sind ja lauter Ausreden. Die Leute wollen bloß nicht, daß bei ihnen das Kind geboren wird. Die haben doch längst gesehen, daß Maria keine Zeit mehr hat.«
»Laß nur«, meinte Joseph gütig, »es wird sich schon etwas finden.«
So zogen sie erschöpft in den Abend hinein. Am Ende der langen Straße schien der große helle Stern stillzustehen. Da hielt auch der Esel an, ganz von allein. Als Joseph den Mann, der aus dem Fenster sah, fragte, ob sie übernachten könnten, rümpfte der erst auch die Nase. Das wurde dem Esel zuviel. Er ließ einfach ein paar große Eselsäpfel auf die frischgefegte Straße fallen. »Oh, die kann ich gut für meinen Garten gebrauchen!« rief der Mann begeistert, bat die kleine Reisegesellschaft herein und wies ihnen den gemütlichen Stall zur Übernachtung an. Da duftete es herrlich nach frischem Heu.
»Danke!« sagte Joseph leise zum Esel, »es wurde aber auch höchste Zeit.«

Bald nach dem Essen seufzte Maria leise und sagte: »Jetzt bekomme ich mein Kind!«
Der Esel sorgte für Ruhe unter den Tieren und machte ihnen klar, daß sie jetzt alle einen heiligen Augenblick erleben würden. Er mußte das ja auch wissen, weil Joseph ihm unterwegs alles erklärt hatte. Da schwiegen die Tiere, der Ochse machte große Augen, die Stallmaus kletterte auf einen Balken, und die Katze strich um die Krippe herum.
Dann war es soweit: Das Christkind war zur Welt gekommen. Joseph nahm einen sauberen Lappen und wusch das kleine Menschenkind. Maria strahlte vor Glück. Dann legten sie den kleinen Jungen behutsam in die Krippe, und im Stall wurde es ganz hell, als ob die Sterne lauter kleine Strahlen geschickt hätten.
Der Esel sagte: »Seht ihr, genau wie ich es gewußt habe!«
»Jesus soll er heißen!« flüsterte Maria, denn sie erinnerte sich gut daran, daß der Engel ihr das gesagt hatte.
Da konnte der Esel nicht mehr still sein; so sehr hatte ihn die Freude gepackt. »I-Aaah! I-Aaah!« schrie er immerzu, und es klang in dieser Nacht beinahe wie »Halleluja!«, weil er es nämlich so schön schrie. Dazu trommelte er mit den Hinterhufen an die Bretterwand des Stalles. Das machte solchen Lärm, daß die schlafenden Gäste nebenan im Gasthaus aufwachten und im Nachthemd zum Stall liefen und böse riefen: »Ruhe! Ruhe!« – Doch als sie das neugeborene Kind sahen, sagten sie nichts mehr, sondern schlichen leise zurück in ihr Bett.
Als das Christkind eingeschlafen war, schob der Esel sein kuscheliges Maul bis dicht über das Gesicht des Kleinen und pustete ihm warm über die Nase. Das tat gut.
Es war schon spät in der Nacht, die Stallaterne schwippte hin und her, als es plötzlich an der Tür klopfte. Joseph hatte etwas gedöst, jetzt aber war er hellwach, öffnete den Riegel, und herein kamen ganz vornehme Leute. »Müssen die aber reich sein!« sagte der Esel zum Ochsen. Der eine der drei Vornehmen trug einen silbernen Turban auf dem Kopf, der

andere hatte ein kostbar gesticktes Tuch um die Stirn, und der dritte nahm seine glitzernde Pelzkappe ab, als er sich tief verbeugte. »Wir heißen Kaspar, Melchior und Balthasar«, begann er, »und wir kommen von weit her aus dem Osten, wo die Sonne aufgeht, weil hier ein neuer König geboren sein soll!« Alle staunten über die fremden Gäste, und das Baby in der Krippe schien zu lächeln. Darüber freute sich der Esel am meisten.
Richtig eifersüchtig wurde der Esel, als auch die Kamele der fremden Leute ihren Kopf durch die Tür steckten. Schließlich hatte er das Christkind getragen und nicht diese komischen Tiere mit ihren Höckern.
»Die sind überhaupt nicht komisch!« flüsterte ein Engel dem Esel ins Ohr. »Das sind wunderbare Tiere, die auch einen weiten Weg gemacht haben, weil ihre Reiter Kaspar, Melchior und Balthasar unbedingt zum Christkind wollten.«
Da schämte sich der Esel, weil er so eifersüchtig gewesen war. Aber nun bat er die Kamele ganz in den Stall. Dann wurde die Tür zugemacht, und sie feierten Weihnachten.
Was die fremden Gäste da alles auspackten! Edles Gold, einen richtigen Schatz für die armen Leute. Und dazu herrliche duftende kostbare Gewürze und Riechsachen, so wie es die Könige benutzen. Sie schenkten alles dem Kind in der Krippe, sagten ihm gute Sätze und gute Wünsche für das Leben und sangen ein kleines Lied:
»Liebes Kind, du bist so klein;
einmal wirst du König sein.
Bringst für alle Welt das Licht,
liebes Kind, vergiß uns nicht.«
Alle waren ganz andächtig, und der Esel war so gerührt, daß er ganz aus Versehen an die Krippe stieß, die so wackelte, daß das Christkind vor Vergnügen krähte.
Maria bedankte sich herzlich für alle Überraschungen, und Joseph hatte in der Zwischenzeit Tee gekocht, den alle mit Genuß schlürften, als es draußen lärmte und polterte. »Wer

kommt denn nun schon wieder?!« stöhnte der Esel. Da wurde die Tür aufgerissen, und eine Schar wilder Gestalten stürmte herein: Hirten vom Felde. »Wo ist der Heiland?« fragte ein bärtiger Alter. Aber dann sah er auch schon das Kind in der Krippe. Seltsam, daß er nicht einen der vornehmen Fremdlinge für den Heiland hielt. »Mach dich mal niedrig!« flüsterte ein kleiner kecker Hirtenjunge dem Esel zu. Der ging in die Knie, und mit einem Schwups war das Kerlchen auf dem Rücken des Esels, hielt sich an den langen Ohren fest und konnte nun zugucken, wie Maria dem Christkind die Brust gab. »Schön, was?« sagte der Esel leise.

»Du«, sagte der kleine Hirtenjunge zum Esel. »Ist das wirklich das Christkind?«

»Wieso seid ihr überhaupt hergekommen?« fragte der Esel dagegen.

»Einer weckte uns«, erwiderte der Junge, »und dann sahen wir alle mächtig viel Licht. Großvater fing an zu singen und sagte plötzlich, wir sollten nach Bethlehem gehen, weil dort der Heiland geboren ist. So gingen wir los und freuten uns auf den Augenblick, wo wir alles zu sehen kriegen. – Laß mich mal runter.«

Der kleine Hirtenjunge rutschte vom Eselrücken herab, ging leise bis an die Krippe, faßte in die Hosentasche und legte dem Kind einen herrlichen Kieselstein ins Stroh. Als das Baby nach dem schönen Stein griff, rollte dem kleinen Hirtenjungen eine dicke Träne vor Freude übers Gesicht; denn er hatte dem Kind das Allerschönste aus seiner Hosentasche geschenkt.

So feierten sie leise und glücklich die ganze Nacht. Als der Morgen heraufzog, verabschiedeten sich die Gäste. Die vornehmen Leute aus dem fernen Land vertrauten Joseph und Maria an, daß sie einen Umweg machen würden; denn der böse König Herodes sollte nichts erfahren von der Heiligen Nacht.

Die Hirten sagten auch auf Wiedersehen und liefen beinahe

nach Hause, weil sie es nicht abwarten konnten, all den andern vom Christkind zu erzählen. Der kleine Hirtenjunge beugte sich noch mal über die Krippe und gab dem Kind einen dicken Kuß.
Dann wurde es wieder still im Stall. Da seufzte der Esel, betrachtete noch einmal die schlafende Familie, sagte den anderen Tieren gute Nacht und streckte sich aus. Er träumte vom lieben Gott, den er auf dem Rücken trug.
Joseph bekam Bescheid vom lieben Gott, daß der König Herodes keine Ruhe geben würde, weil er es nicht ertragen konnte, daß in seinem Reich ein neuer König geboren war. Eines Tages sagte er zum Esel: »Wir müssen bald wieder aufbrechen. Wir müssen das Kind retten. Aber du mußt wissen, es geht mitten durch die Wüste.«
»Das macht nichts«, sagte der Esel tapfer, »ich trage das Kind, wenn es sein muß, durch die ganze Welt.« Denn er hatte es inzwischen liebgewonnen.
Da dachte Joseph: ›Ob das wohl auch die Menschen tun würden und tun werden?‹
»Was denn?« fragte der Esel, der die Gedanken Josephs verstanden hatte.
»Den lieben Gott mitten durch die Wüste tragen, und wenn es sein muß, durch die ganze Welt!«
Bald darauf brachen sie auf, und der Weg führte sie mitten durch die Wüste. Die Sonne stach vom Himmel, dem Esel wurde die Zunge trocken, und manchmal knickten ihm die Beine ein; so anstrengend war der Marsch.
Aber sie kamen glücklich ans Ziel; das Christkind war gerettet. Der Esel war mächtig stolz, daß er es geschafft hatte, und Maria und Joseph waren so dankbar. Auf diese Weise hat der liebe Gott den Heiland in Sicherheit gebracht, weil er mit ihm noch viel vorhatte für alle Kinder dieser Welt.
Als die Nacht hereinbrach und die Familie im Zelt schlafen ging, gewahrte der Esel einen Lichtschein, wie er ihn noch nie gesehen hatte. Erst erschrak er mächtig, aber dann war

es ihm, als spräche der liebe Gott persönlich: »Gib gut acht auf das kleine Kind. In einigen Jahren braucht es dann auch wieder einen Esel, wenn es in die große Stadt Jerusalem einreiten wird!«
Das war ein Engel, dachte der Esel.